마음의 긴장을 풀어주는 30가지 방법

마음
스트레칭

산들산들 바람이 아무리 기분 좋게 불어도, 마음의 고민이 있으면 그 바람을 느낄 수가 없습니다.

요즘 우리 인지행동요법센터에는 걱정이나 고민으로 괴로워하는 분들이 많이 찾아옵니다. 그들 대부분은 작은 걱정거리를 계기로 매사를 부정적으로 보게 되다가 그 걱정이나 고민거리에 마음이 압도당해 나중에는 생각의 감옥에 갇히게 됩니다. 그 결과 유연한 사고도 행동도 할 수 없는 상태가 되어 전문기관을 찾는 것입니다.

우리 센터의 임상심리사들은 그들의 이야기를 주의 깊게 들으며 그들이 보다 유연하게 행동할 수 있도록 도움을 줍니다. 이때 상담사들이 사용하는 방법이 인지행동요법입니다. 여기서 '인지'란 사고방식을 뜻합니다. 인지행동요법은 걱정이나 고민을 안고 있는 사람들의 사고방식이나 행동을 약물이 아닌 마음의 개선을 통해 치료하는 요법입니다.

　이 책에서는 실제의 상담을 통해 알게 된 부정적인 마음을 변화시키는 방법을 '마음 스트레칭'이라는 제목으로 재구성해보 았습니다.

　차가운 바람에 어깨를 움츠리다가 향긋한 꽃냄새에 이끌려 돌아보면 봄꽃이 활짝 피어 있고, 봄인가 하는 순간 어느샌가 산 과 들에 녹음이 가득한 여름이 찾아옵니다. 더위에 지쳐갈 무렵, 가을바람이 불어오는 게 느껴집니다. 잎이 진 나뭇가지를 가까 이 다가가 바라보니 그곳에는 봄을 기다리는 봉오리가 의연하게 달려 있었습니다.

　여러분도 이러한 계절의 변화를 느끼며 살아가시기를 소망 합니다.

시모야마 하루히코

고정관념과 편견에서 벗어나 자유로워지기를…

어느 봄날의 일요일, 나는 혼자 방 안에서 멍하니 핸드폰에
시선을 떨구고 있었습니다.
그저 시간이나 때우며 시간을 흘려보내고 싶었거든요.

인간관계에서나 일에서 실수와 문제가 계속 쌓이다 보니 점점
자신감을 잃었습니다.
뭘 해도 되는 일이 없고 마음이 항상 같은 곳에서만 뱅글뱅글
돌며, 한 곳에서 헤어나오지 못하는 듯한 느낌이었습니다.
앞으로 뭘 어떻게 하면 좋을지 막막한 상태였습니다.

그때 방 안으로 나비가 날아 들어왔습니다.

나비는 닫힌 유리 창문에 몇 번이나 몸을 부딪치며 투명한
유리 너머로 탈출하려고 했습니다.

나는 일어나서 "나가는 곳은 이쪽이야, 나비야"라며 반대쪽
창문을 열어주었습니다.

6

하지만 나비는 여전히 닫혀 있는
투명한 유리창에 계속해서 몸을 부딪칠
뿐이었습니다.
그러다 끝내 지쳐버린 걸까요, 이윽고
굳게 닫힌 창문 아래에서 더 이상
움직이지 않았습니다.

"계속 같은 실수만 반복하는 게 왠지 나를 보는 것 같아."

나는 나 자신에게 말하듯 나비를 응원했습니다.

"햇살에 마음을 빼앗기면 안 돼. 네 눈앞에는 유리창이

가로막고 있으니까."

아!

"눈이 아니라 몸으로, 창문 틈으로 새어 나오는 바람을
느껴보렴."

"지금과 다른 방향으로 시선을 주면 안 될까?"

"다른 곳을 바라보거나 다른 식으로 생각해보면 안 되겠니?"

"그렇게 할 수만 있다면…."

드디어 나비는 봄바람을 느끼며 열려 있는 창문으로
날아갔습니다.
나는 창문을 활짝 열고 온몸으로 봄바람을 느꼈습니다.
"나비도 이렇게 해냈는데, 나도 분명 할 수 있을 거야."

우리는 평소 당연한 듯 가지고 있는 사고나
행동 패턴에서 자유롭지 못하기 때문에
괴로워하고 고통스러워합니다.

그러나 만약 우리가 지금까지와는 다른 새로운 시점을 갖게
되면 새로운 방식으로 느끼고 생각할 수 있게 됩니다.

지금까지와는 다른 행동 패턴을 가질 수도 있습니다.

그렇게 되면 그동안 당신을 힘들게 했던 마음의 긴장을 풀 수
있습니다.

그것이 마음의 스트레칭입니다.

이 책에는 그 방법이 담겨 있습니다.

Contents

 1장 나를 잃어버릴 것 같다면

불안과 분노를 조절한다

3장 지금 이곳의 나를 의식한다

생각하는 방식을 개선한다

5장 행동을 바로잡는다

6장 환경의 변화나 상대에 대응한다

1장

나를
잃어버릴 것
같다면

삶의 의욕을 잃게 만드는 사람이나 일, 문제 등에 부딪혀
어쩔 수 없이 그것들을 상대해야만 할 때,
우리는 종종 고민에 빠지고 지치고 우울해지며
삶이 무미건조해집니다.
그야말로 마음의 수분을 잃게 됩니다.

사건, 사고, 문제들이 한꺼번에 몰려와
도대체 어떤 것부터 손을 대면 좋을지 알 수 없게 될 때,
우리는 자기 자신을 잃게 되고
자기 자신이 싫어지기도 합니다.

이렇게 나를 잃어버리게 될 것 같은 그때,
어떻게 하면 좋을까요?

안 좋은 일이 한꺼번에 닥쳐서
패닉에 빠졌다면

혹시 이런 경험 있나요?

마침 직장을 옮겨 정신없는 와중에 사랑하는 사람
과 이별하고 이웃집과도 문제가 생겨 어디서부터
어떻게 해결해야 할지 알 수 없는 패닉 상태에 빠
진 적이요.

소중한 사람을 하늘나라로 떠나보내야 하는 사별,
마음의 헤어짐인 이혼, 부상이나 질병과 같은 변화
는 물론, 언뜻 바람직해 보이는 결혼이나 임신 같
은 변화에 대해서도 우리는 그 변화에 적응하기까
지 많은 시간이 필요하고 정신적, 신체적으로 스트

레스를 받게 됩니다. 더구나 이러한 삶의 사건들이 겹치거나 계속해서 발생하면 우리는 스스로를 조절하기 어려워지고 당황하게 되며, 하루하루의 삶에 지쳐 결국 자기 자신을 잃게 됩니다.

만약 지금 그런 패닉 상태에 빠져서 나를 잃어버릴 것 같다면 '회복 탄력성(resilience)'을 기억하세요.

회복 탄력성은 실패나 부정적인 상황을 극복하고 원래의 안정된 심리 상태를 되찾는 성질이나 능력을 말합니다. 보통 '지금 나에게 힘든 일이 닥쳐서 나를 무너뜨리려 하지만 난 괜찮아. 나에게는 다시 일어설 수 있는 힘, 회복 탄력성이 있으니까. 나를 믿어보자'라는 식으로 사용합니다.

물론 역경에 맞서고 극복해낸다는 것은 훌륭한 일입니다. 하지만 그럴 힘도, 능력도 없을 때가 있습니다. 또한 이기는 게 그렇게 큰 의미가 없는 싸움도 있습니다.

스트레스를 피할 수 없는 오늘날의 현대사회에서 스트레스와 정면으로 맞서 싸우는 것이 항상 현명한 것은 아닙니다.

회복 탄력성이란 곤란이나 역경에 처했을 때 적과 정면에서 맞서는 것이 아니라 어떻게든 다시 일어서려고 하는 힘, 그 상황을 영리하게 잘 견뎌서 끝까지 살아남으려고 하는 힘을 말합니다. 스트레스를 물리치는 것이 아니라, 때로는 그 스트레스가 나를 지나가도록 내버려 둘 수 있는 힘, 나 자신이 더 이상의 스트레스를 받지 않도록 스트레스와 사이좋게 지낼 수 있는 힘, 역경 속에서도 자기 자신을 바로잡을 수 있는 힘, 그것이 바로 회복 탄력성입니다.

회복 탄력성에는 새로운 것을 즐기기, 감정을 잘 조절하기, 매사 긍정적으로 바라보기, 마음을 미래로 향하게 하기와 같은 요소가 담겨 있습니다.

그럼 어떻게 하면 회복 탄력성을 높일 수 있을까요?

마음
스트레칭

여유를 갖고 다시 일어서는 힘,
회복 탄력성을 키우자

"직장을 옮겨서 정신이 없는데 남자친구와 이별하게
됐어요. 거기다 최근에는 이웃과도 다툼이 생겨서 이
젠 정말 뭘 어떻게 하면 좋을지 모르겠어요."

이러한 고민을 갖고 상담하러 가면 심리상담사들은
다음과 같이 이야기합니다.

"먼저 마음을 가라앉혀볼까요?"
"지금 안고 있는 문제들을 하나씩 정리해볼까요?"
"이미 발생한 일들에 대해 옳고 그름을 따지거나 평가
하지 말고, 이러한 상황에서 나 자신이 조금이라도 편
해지기 위해서는 어떻게 하면 좋을지 생각해볼까요?"

이런 질문을 하는 이유는 상담받고 싶어 했던 문제에 대해 지금까지 상담자가 가지고 있던 견해나 생각을 바꿀 수 있는지 차분히 생각해보도록 돕기 위해서입니다.

이미 발생한 위기 상황은 자신으로서는 어쩔 수가 없습니다. 이미 발생해서 자신에게 스트레스를 주고 있는 사건을 있는 그대로 받아들이기 위해서는 마음의 여유가 중요합니다. 어떻게 하면 마음의 여유를 가질 수 있을까요?

마음의 여유를 만드는 토대가 되는 행동은 다음과 같습니다.

마음의 여유를 가지기 위해서는

- 아무리 바빠도 수면이나 식사 시간, 운동 시간은 매일 일정하게 확보하고 꾸준히 지켜나간다.

- 함께 있으면 마음이 편안해지고 기분이 좋아지는 사람과 시간을 보낸다.

- 삶 속에서 웃음과 유머를 잃지 않는다.

- 작은 목표를 세우고 매일 실천에 옮긴다.

- 장래의 계획을 구체적으로 세운다.

이러한 행동들을 일상생활 속에서 꾸준히 실천하다 보면 이것
이 우리의 사고방식이나 행동, 몸, 감정에 영향을 끼치게 되어,
의욕을 잃을 것 같은 순간이 찾아와도 다시 유연하게 일어설 수
있는 힘, 즉 회복 탄력성을 키우는 토양이 되어줄 것입니다.

우리, 작은 것부터 시작해볼까요?

마음의 문을 닫고 슬픈 과거를
가둬두고 있다면

전학이나 전근, 실연, 가족이나 가족처럼 아끼던
애완동물과의 이별을 경험한 적이 있나요?
천재지변으로 인해 추억이 담긴 물건을 잃어버린
적이 있나요?
요즘에는 그런 상실의 문제로 상담소나 신경정신
과를 찾는 사람들이 적지 않습니다.

어떤 사람들은 잊을 수 없는 이별이나 마음의 상
처를 담담하게 이야기합니다. 웃는 얼굴로 말하는
사람도 있었습니다.

담담하게, 때로는 미소까지 보이며 가슴 아픈 사건을 말하는 사람들 중에는 과거의 상처가 치유되어서가 아니라 감정이 메말라 있기 때문인 경우가 많습니다(물론 치유된 경우도 있을 테지만요).

생각하고 싶지 않거나 생각나는 게 두려울 수도 있습니다.

이런 경우 애써 초연해지려고 합니다.

"지금은 저한테는 아무런 상관없는 일이에요."

"이젠 거의 다 잊었어요."

이런 말도 자주 합니다.

하지만 과연 그럴까요?

정말로 괴롭고 슬픈 과거의 일을 마음의 문을 걸어 잠그고 그 안에 가두어두는 사람이 있습니다. 이들이 문을 걸어 잠근 데에는 이유가 있습니다. 그들은 다음과 같은 생각을 하기 때문입니다.

"적어도 사람들 앞에서는 씩씩한 모습을 보여줘야 하니까요."

"웃는 얼굴로 사람들을 대해야 하잖아요."

"곁에 있는 사람들에게 걱정을 끼치면 안 되잖아요."

그러면서 속으로는 이렇게 생각합니다.

"누가 관심이나 있을까."

"누가 알겠어 내 마음을."

"지금은 너무 괴로워서 아무 생각도 하고 싶지 않아."

주변 사람들은 이런 속마음을 아무도 눈치채지 못합니다. 그렇기 때문에 그럭저럭 잘 지내는 그 사람의 모습을 보며 안심하게 됩니다.

하지만 사람의 마음은 정직합니다.

제대로 말로 설명할 수 없고, 그래서 주변 사람들에게 이해받지 못하지만, 그런 개운치 못한 느낌 속에서도 마음의 소리를 들려줄 때가 있습니다.

'누군가에게 이해받고 싶어.',

'나의 마음을 알아주면 좋겠어.'

아무리 마음의 문을 꽁꽁 닫고 지내는 사람이라도 어느 순간 신호를 보낼 때가 있습니다.

우리는 그 신호를 잘 알아차려야 합니다.

조금씩 과거의 이야기를 꺼내어보자

그때의 일을 억지로 말할 필요는 없습니다.

하지만 신뢰할 수 있는 사람이나, 아픈 자신의 과거와 비슷한 경험을 한 사람을 만나게 되면 '이 사람에게는 말을 해도 되지 않을까?', '이 사람이라면 얘기하고 싶어'라는 생각이 들 때가 있습니다. 이러한 마음이 들 때 말하고 싶은 그 내용을 조금씩 자신의 페이스에 맞춰 이야기하는 것이 좋습니다.

말로 하는 것이 괴롭다면 글로 전하는 것도 하나의 방법입니다.

물론 처음에는 머뭇거리고 주저할 수도 있습니다. 상대방의 반응을 살피며 '지금 나한테는 아무렇지 않지만…'이라며 말끝을 흐리게 될 수도 있지만, 중요한 것은 자신만의 언어로 말하는 것입니다.

일단 그렇게 그 이야기가 입에서 나오기 시작하면 그때의 감정으로 계속해서 말을 이어나갈 수 있습니다.

그 일을 계속 반복해서 말할 수 있게 되면 떠오르는 일들이 늘어나고 기억은 점점 더 선명해집니다.

그때의 일을 언어로 표현한다는 것은 문을 걸어 잠그고 꽁꽁 숨겨둔 그 마음을 누군가가 받아주었다는 의미입니다. 따라서 이렇게 말로 표현할 수 있게 되면 분명 마음이 편안해질 겁니다.

서서히 기억이 정리되고, 감정은 되살아나며, 뾰족하게 날이 섰던 마음이 누그러지며 마음속이 정리되어가는 자신의 변화를 느낄 수 있게 됩니다.

이때부터 삶의 시간은 움직이기 시작한 것입니다.

잘 살아남은 자기 자신을 따뜻하게 위로해주었으면 합니다.

마음이 건조하고
메말라 있다면

찬바람 부는 계절이 오면 건조한 피부 때문에 신경 쓰는 사람들이 많습니다. 피부 보습을 위해 평소보다 크림을 꼼꼼히 바르고 보습력이 뛰어난 화장품으로 바꾸기도 합니다.

피부가 건조해지면 보습력이 뛰어난 화장품을 바르면 되지만, 마음이 건조해졌을 때는 어떻게 하면 좋을까요?
마음속에 불안감이나 걱정거리가 오랫동안 굳게 자리 잡고 있으면 우리의 마음은 건조해집니다.

건조한 마음이 어떤 것인지 쉽게 상상이 가지 않나요? 마음이 푸석푸석하게 메말라 있다는 것이 어떤 모습인지 예를 들어볼까요?

'다 끝내지 못한 일이 걱정돼서 휴일에도 마음이 편치 못하다.'
'난 앞으로 어떻게 되는 걸까? 이런 불안이 항상 머릿속 한구석에 들러붙어 있다.'
'상사한테는 매일 야단맞기 일쑤고 동료들에게도 매번 민폐를 끼쳐서 늘 미안한 마음이 든다.'
이런 식으로 늘 '되는 일이 없다', '괴롭다', '지쳤다'는 생각이 가득한 것이 바로 마음이 건조한 것입니다.
당신의 마음은 어떤가요? 혹시 푸석푸석하게 메말라 있는 상태는 아닌가요?
마음에 짚이는 게 있다면 마음의 수분 측정기로 한번 측정해볼까요?

마음 측정기로
마음의 수분도를 체크해보자

다음 페이지에 나오는 그림은 마음의 수분도를 10단
계로 나누어 수분 정도를 알아보는 '마음의 수분 측정
기'입니다. 만약 메마른 정도가 10이라면 마음의 수
분도는 0이라는 의미입니다.

현재 당신 마음의 수분도는 0(촉촉함)에서 10(메마
름)까지 중 어느 위치에 해당합니까? 자신에게 해당
하는 숫자를 직감적으로 대답해주세요.
직감적으로 대답하기 어렵다면 다음 질문에 ○나 ×로
대답한 후, ○의 개수를 세어보세요. ○의 숫자가 현재
당신의 마음이 얼마나 메말라 있는지(수분 부족도)를
보여줄 것입니다.

마음의 수분 측정기

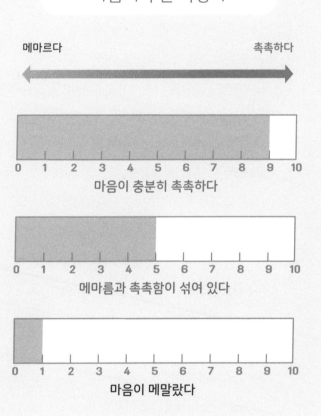

메마르다   촉촉하다

0 1 2 3 4 5 6 7 8 9 10
마음이 충분히 촉촉하다

0 1 2 3 4 5 6 7 8 9 10
메마름과 촉촉함이 섞여 있다

0 1 2 3 4 5 6 7 8 9 10
마음이 메말랐다

마음의 메마름 정도 체크 항목

○ ×   1_ 아침마다 더 자고 싶다는 생각을 한다.

○ ×   2_ 최근 일주일 동안 계속 짜증을 냈다.

○ ×   3_ "아, 귀찮아", "피곤해", "이제 진짜 한계야" 등의 말을 입에
　　　　달고 산다.

○ ×   4_ 해야 한다, 힘내야 한다고 생각할 때가 많다.

○ ×   5_ 밤에 잠이 잘 오지 않는다(반대로 너무 많이 잔다). 혹은
　　　　식욕이 없어졌다(반대로 너무 왕성하다).

○ ×   6_ 예전에는 즐거웠던 것들이 이젠 즐겁지 않다.

○ ×   7_ 하고 싶은 것이나 즐거운 일들이 줄어들었고 웃음도 예전
　　　　보다 줄었다.

○ ×   8_ 전에는 아무렇지 않았던 소리나 냄새가 신경 쓰이거나 혹은
　　　　전보다 더 신경질적이 되었다.

○ ×   9_ 특정 고민거리가 머릿속에서 떠나질 않는다.

○ ×   10_ 남들이 나를 어떻게 생각할지 신경 쓰여서 괴롭다.

○가 1~3개인 사람은 일상생활을 알차게 잘 보내고 있고 마음도 충분히 촉촉한 상태입니다. 지금의 상태 그대로 마음의 수분을 계속해서 유지하세요.

○가 4~6개인 사람은 메마름과 촉촉함이 뒤섞여 있는 일상을 보내고 있는 상태입니다. 이 책을 끝까지 다 읽고 무엇이 자신의 마음에서 촉촉함을 빼앗고 있는 것인지 그 근원을 찾아내시기 바랍니다.

○가 7개 이상인 사람에게는 마음의 건조 비상경보를 발령합니다. 이번과 다음에 나오는 내용('열심히 하지 않기'와 '적당히 하기')을 잘 읽고 당장 시작할 수 있는 것부터 하나씩 시도해보시기 바랍니다.

그런데 여기서 왜 마음의 메마름 정도를 적극적으로 알아보라고 강조하는 걸까요? 그 이유는 내면의 건강을 돌보기 위해서는 무엇보다 자신의 마음 상태를 깨닫는 것이 중요하기 때문입니다.

피부의 건조함과 마찬가지로 마음의 건조함도 제대로 파악하지
못하면 마음을 돌볼 수 없습니다. 자기 자신의 마음을 제대로 알
기 위해서는 위의 질문들을 통해서 위에서 내려다보듯이 자신의
마음을 바라볼 필요가 있습니다.
주관적으로 느끼던 자신의 감정을 숲을 바라보듯 멀리서 객관적
으로 바라볼 수 있게 된다면 입버릇처럼 내뱉던 "되는 일이 없
다", "괴롭다", "지쳤다"라는 말들의 바탕에 깔린 사람이나 일, 그
밖의 문제들로부터 거리를 두고 생각할 수 있는 마음의 여유가
생깁니다.

마음
스트레칭

열심히 하지 않기, 적당히 하기

그럼 본론으로 돌아가볼까요?

피부 관리를 잘하면 촉촉함이 되살아나는 것처럼 우리
마음도 관리를 잘하면 조금씩 촉촉함이 되살아납니다.
마음의 촉촉함을 회복하기 위해 우선 다음의 두 가지
를 실천해보세요.

• 열심히 하지 않기

• 적당히 하기

전혀 예상하지 못했던 방법인가요? 하지만 이 두 가
지는 당신 마음의 촉촉함을 회복하기 위한 첫걸음이
됩니다.

자기 마음의 건조함을 회복하고 싶다면 먼저 현재 자기 자신의 마음과 몸의 상태를 확인하고 마음의 촉촉함을 빼앗고 있는 사람이나 일, 그 밖의 문제가 무엇인지 생각해야 합니다.

그리고 그것들을 온몸으로 부딪치려고 하지 말아야 합니다. 다시 말해 온 힘을 다해 완벽을 추구해서는 안 된다는 것입니다. 지나치게 완벽해지려고 한다면 당신의 마음은 촉촉함을 잃게 됩니다.

지나치게 열심히 하지 말고 당신이 할 수 있는 범위 안에서 하되 당신의 생기를 빼앗아가는 사람이나 일, 그 밖의 문제와 적당히 지내라는 뜻입니다.

예를 들어볼까요?

평소 당신은 집에서 전체 에너지의 80%의 힘으로 아이들을 돌보고 있습니다. 하지만 어떤 날은 야근하고 퇴근했기 때문에 남아 있는 힘도, 시간도 없을 때가 있습니다. 그런 날은 20%의 힘으로 아이들을 돌봐줘도 된다는 의미입니다. 20%라고 하면 대략 저녁 식사를 준비하거나 뒷정리하는 정도의 에너지일 것입니다. 따라서 이때는 아이들에게 방 정리를 시키거나 숙제는 다 했는지 체크하지 않아도 됩니다. 만약 아직 방이 지저분한 상태이거나 아직까지 숙제를 하지 않아서 잔소리를 하게 된다면 그나마 얼마 남지 않은 힘마저 빼앗기게 되고 괜히 짜증만 나기 때문입니다.

그 대신 저녁 식사 후에 아이들과 학교에서 무슨 일이 있었는지 여유롭게 대화를 나누는 시간을 갖는 겁니다. 아이 입장에서도 야단맞는 것보다는 자신의 마음에 귀를 기울여주는 시간을 더 행복해할 것입니다.

마음을 건조하게 만드는 사람이나 일, 그 밖의 문제들을 대하는 태도를 당장 바꾸기는 쉽지 않습니다. 천천히 한 가지씩 바꾸어 나가면 됩니다.

마음의 건조함을 회복하는 과정은 장기전입니다. 컨디션 조절을 위해서 우선 잠을 푹 자는 것이 좋습니다.

긴장을 풀고 편안한 마음을 갖는 것도 중요합니다. 어떤 방법으로 긴장을 풀 것인지를 생각해보세요.

좋아하는 일에 몰입하는 것도 마음을 촉촉하게 할 수 있는 비결입니다. 언제, 어떤 일을 하면서, 어떻게 즐길 것인지를 생각해보세요.

이러한 결심은 누군가에게 이야기하는 것이 좋습니다. 누구에게 어떤 이야기를 할 것인지 생각해보세요.

자신을 너무 다그치면서 살지 않겠다고 다짐했으니 이제부터는 문제를 뒤로 미뤄도 괜찮습니다. 다만 나중에 더 번거로워지는 일이 생기지 않도록 최소한 언제까지 하면 되는지는 생각해두는 것이 좋습니다.

중요한 것은 '심각하게'가 아니라 '마음 편하게' 생각하는 것입니다. 자기 자신을 칭찬해주는 것도 중요합니다. 자신의 어떤

점을 칭찬해줄 수 있는지 느긋하게 생각해보세요.

열심히 살지 않는 방법이나 '적당히'라는 것의 정도는 사람마다 다를 것입니다. 마음의 촉촉함을 회복하기 위해 각자 자신에게 맞는 방법은 무엇인지를 찾아내어 하나씩 실천해나가기 바랍니다.

정보가 너무 많아서
무엇을 참고해야 할지 모른다면

일상생활 속에서 우울해지거나 고민이 생기면 누구에게 고민 상담을 하나요? 마음이 약해졌다는 생각이 든다면 어떻게 하나요?

사람과의 거리가 가까웠던 예전이라면 고민거리가 있을 때 보통 가족이나 가까운 사람에게 상담을 했겠지만 요즘은 먼저 인터넷으로 검색해보거나 글을 올리는 사람들이 많아졌습니다.
인터넷의 보급으로 우리는 지금까지 알 수 없었던 엄청난 양의 정보에 빠르게 접근할 수 있게 되었습니다. 정신 건강과 관련된 다양한 문제에 대해서도 자신과 비슷한 문제로 고민하는 사람들이나 그 문제에 대한 전문가의 의견을 쉽게 찾아볼 수 있습니다.

그러나 빠르고 편리한 듯 보이는 이러한 인터넷 검색에도 문제가 있습니다. 지나치게 많은 정보는 혼란을 일으킨다는 점입니다.

예를 들어 인터넷상에는 우울증, 강박장애, 발달장애와 같은 마음의 병에 관한 온갖 다양한 체험담이 넘쳐납니다. 그리고 그 마음의 병을 치료하는 방법들도 많이 찾아볼 수 있습니다.

그러나 고민을 안고 있는 사람들에게 그 정보들이 과연 올바른 내용인지, 또는 지금의 나에게 그 의견이 참고가 될 수 있을지는 솔직히 알 수 없습니다.

사실 이것은 인터넷에 한정된 문제는 아닙니다.

마음
스트레칭

현재의 자신과 정면으로
마주하는 작업부터 시작하자

예를 들어, 가족이나 친구에게 고민을 상담했는데
각각 전혀 다른 조언을 해줘서 당황했던 경험이 있습
니다.

정신 건강과 관련된 문제는 골치 아프게도 무엇이 문
제인지 자기 스스로는 정확하게 파악하기가 어렵습
니다. 그래서 지금의 나에게는 적절하지 않은 정보나
판단을 근거로 행동을 취하게 되면 문제가 더욱 심각
해질 수도 있습니다.

이러한 사태를 방지하기 위해서는 인터넷으로 해결
책을 찾는 것이 아니라 먼저 내면을 들여다보는 시간
을 갖는 것이 중요합니다. 즉 '나는 지금 어떠한 상태
인가', '내가 안고 있는 문제는 무엇인가'를 이해하는

것이 문제를 해결하기 위한 가장 빠른 지름길입니다. 이러한 작업을 소홀히 하게 되면 인터넷으로 찾아낸 정보나, 가족과 친구의 조언이 제대로 힘을 발휘하지 못합니다.

마음이 약해졌다는 생각이 들었다면 먼저 앞에서 제안한 '열심히 하지 않기', '적당히 하기'나, 이 책의 후반부에서 다룰 '판단을 보류하면 한 걸음 내디디기 쉽다(p.98 참조), '지금까지의 근거를 재검토하고 과거와 다른 판단을 내린다'(p.112 참조) 등에서 제안한 방법들을 실천하며 자신이 안고 있는 문제가 무엇인지 정리해보기 바랍니다.

인터넷 정보는 어디까지나 참고할 수 있는 정보일 뿐 모든 사람에게 정답이 되는 것은 아닙니다. 먼저 현재의 자기 자신을 정면으로 마주하는 작업부터 시작해야 합니다.

2장

불안과 분노를
조절한다

불안과 분노는
마음먹기에 따라 조절할 수 있는 감정입니다.

더 이상 불안에 휘둘리고 싶지 않다면
롤러코스터를 탔을 때의 두근거림을 떠올리며
불안에 조금씩 익숙해지는 훈련을 해보세요.

분노를 조절하고 싶다면
이번 장에서 제안하는 일곱 가지 행동을 실천해보세요.
화를 내고 말았을 때는 '분노 기록장'에
분노의 성분을 정리하여 기록해보세요.
이 습관을 통해 자신의 분노 패턴을 알 수 있게 되어
분노를 길들이는 힌트를 얻을 수 있습니다.

쥐가 무서워서 지하 통로를
다닐 수 없다면

혹시 당신은 참을 수 없을 만큼 싫어하는 게 있나요?

나는 쥐를 극도로 싫어합니다. 지금까지 내가 쥐를 본 건 모두 세 번인데 도심 지하 통로의 배수구, 출근하던 길에 지나가던 환승역, 그리고, 식당에서입니다. 짙은 회색의 쥐를 목격하자마자 나는 너무 무서워서 "꺄아악!" 소리를 지르며 기절할 뻔했습니다. 하지만 실제로 쥐가 나타난 것은 두 번입니다. 나머지 한 번은 누군가가 떨어뜨린 진회색 장갑을 쥐로 착각해서 놀랐다는 걸 나중에 알

왔습니다.

내가 하고 싶은 말은 농담이 아니라 정말로 나는 쥐를 싫어한다는 것입니다.

항상 으슥한 곳을 지나갈 때면 '여기에 쥐가 있으면 어쩌지?'라는 불안감이 있습니다. 그래서 '이런 데라면 당연히 쥐가 있겠지'라는 불안감 속에서 공포심을 키우다가 스스로 더 큰 불안과 공포심으로 내몰고 맙니다.

이처럼 불안은 회피하려고 하면 할수록 더욱더 커지고, 이 불안을 회피하고자 취한 행동이 오히려 그 불안과 공포감을 증대시켜서 나중에는 행동 자체를 제한적으로 만듭니다. 나의 경우에는 쥐를 본 적 있는 도심 지하 통로는 더 이상 갈 수 없게 되었습니다.

쥐가 무서워서 지하 통로에 갈 수 없다니, 부끄러워서 다른 사람에게 말할 수가 없습니다.

롤러코스터를 탔을 때의 두근거림을 상상하며
불안감에 익숙해지자

내가 쥐에게 품은 불안과 공포는 싫어하는 것에 대한 회피가 아니라 싫어하는 것에 조금씩 익숙해지는 꾸준한 노력을 통해 해소할 수 있었습니다.

자기 마음속에서 점점 더 커지는 불안과 공포감의 정도를 롤러코스터를 탔을 때의 두근거림에 비유하여 설명해보겠습니다.

먼저 놀이공원의 롤러코스터 좌석에 앉은 자신을 상상해보세요. 자, 준비됐나요? 그럼 질문하겠습니다.

자, 당신은 안전벨트를 맸습니다. 지금의 두근거림의 정도는 몇 점인가요?

롤러코스터는 꼭대기를 향해 올라가고 있습니다. 이

때의 두근거림의 정도는 몇 점인가요?

꼭대기를 통과한 직후의 두근거림의 정도는 몇 점인가요?

드디어 롤러코스터가 지상으로 미끄러져 내려오고 있습니다.

이때의 두근거림의 정도는 몇 점인가요?

두근거리는 정도는 롤러코스터가 코스의 정점을 향해 갈 때까지는 점점 증가하겠지만 정점을 지나게 되면 점차 감소할 것입니다.

다시 말해, 불안은 일시적이라는 점입니다.

그리고 한번 높아진 불안은 시간이 지남에 따라 감소하고, 만약 그 상태가 계속 지속된다면 우리는 점차 그 불안에 익숙해집니다. 이 사실을 우리가 깨닫게 된다면 자기 마음속에서 제멋대로 커지던 불안과, 그에 따른 공포심을 조절하기가 쉬워집니다.

다만 불안과 공포를 한꺼번에 조절하려고 해서는 안 됩니다.

'조금씩'이 중요합니다. 예를 들어, 쥐를 싫어하는 나의 사례로 다시 설명하겠습니다.

나는 얼마 전에 '카피바라'라는 동물이 쥐 목이라는 사실을 알았습니다. 내가 그렇게 싫어하는 쥐와 같은 동족인데도 카피바라를 보며 귀엽다는 생각을 했던 나를 인정하기로 했습니다.

이런 일도 있었습니다. 어느 날, 친구 중 한 명이 새로 키우게 된 애완동물 사진을 핸드폰으로 보내주었는데 그것은 바로 햄스터였습니다. 햄스터 사진이 눈에 들어온 순간 가슴이 두근거리기 시작했습니다. 내 눈에는 햄스터와 쥐는 아무리 봐도 같은 종류로밖에 보이지 않았기 때문입니다.

하지만 나는 일부러 몇 번이나 그 사진을 들여다보았고, 그러다 보니 점점 익숙해져서 나중에는 햄스터가 귀엽다는 생각을 하게 되었습니다. 조만간 이 햄스터를 직접 만나러 가서 내친김에 쥐 혐오증과 쥐 공포증도 극복하려고 합니다.

사실 이러한 두근거림은 누구나 경험하는 일입니다. 가까운 예로 취직을 들 수 있습니다.

처음 입사해서 회사 입구에 들어설 때는 누구나 불안감과 긴장감으로 두근거림을 느끼게 됩니다. 입사 후 한동안은 정신없는 날들이 계속됩니다. 가끔 실수도 하게 될지 모릅니다. 그럴 때마다 의기소침해지기는 하겠지만 실수를 경험하면서 더 이상 실수하지 않는 방법을 배워나갑니다. 이러한 과정을 반복하는 가운데 점차 회사생활에 적응하게 되고 취직이라는 불안으로 인한 두근거림도 해소되어, 나중에는 그럭저럭 잘 적응하게 될 것입니다.

마음
스트레칭

상상하기와 점수 매기기로
싫은 감정이나 거부감에 익숙해지자

그렇다면 싫어하거나 거부감이 드는 사람과의 관계
를 개선하거나 문제를 해결하고 싶을 때는 어떻게
하면 좋을까요?

누군가 가까워지거나 거리를 좁히는 방법은 사람마
다 다르겠지만, 여기서는 '상상하기'와 '점수 매기기'
를 통해 상대방이나 어떤 대상에 대한 불안감과 공포
에 익숙해지는 연습을 꾸준히 할 것을 추천합니다.

우선 싫어하거나 거부감이 드는 사람이나 문제(A라
고 함)의 대상을 정합니다.

이어서 머릿속으로 A를 3초간 상상합니다.

두근거리는 불안의 정도를 10점을 최고점으로 해서

점수화하고 종이에 기록합니다(지나치게 심장이 뛰어서 불안감을 느낀다면 천천히 깊게 호흡을 하며 마음을 가라앉힙니다).

이 동작을 여러 번 반복하며 그 횟수만큼 점수를 메모합니다. 익숙해졌다면 A를 상상하는 시간을 조금씩 길게 늘려서 A를 상상하면서 느끼게 되는 불안감에 적응하는 연습을 해보세요. 이러한 훈련을 꾸준히 하다 보면 A에 대한 불안과 공포를 조금씩 해소할 수 있게 됩니다. 시험 삼아 도전해보기 바랍니다.

분노를
조절하고 싶다면

내면의 분노를 좀 더 잘 조절할 수 있으면 좋겠
다는 생각을 해본 적이 있나요?
두 아이의 엄마인 나는 하루하루가 분노 조절과
의 전쟁입니다.

아이들이 태어난 이후 아무리 노력을 해도 자유분
방한 아이들에게 필요 이상으로 화를 내거나, 남
편에게 집안일과 육아에 더 적극적으로 참여해줬
으면 좋겠다며 화를 내는 일이 늘어났습니다. 그
리고 화를 낼 때마다 화를 내는 나 자신이 싫어지

기까지 합니다. 나에게 분노 조절이란 남의 일이 아닙니다.

요즘에는 다이어트 노하우를 알려주듯 '분노와 사이좋게 지내는
방법'을 알려주는 정보가 넘쳐납니다.

여기에서는 분노 조절에 어려움이 있는 사람들에게 도움이 되었
고 심리상담사인 나 자신에게도 도움이 되었던 분노 조절 기술
을 소개하겠습니다.

먼저 마음속에 쌓여 있는 화를 폭발시키지 않고 즉각적인 효과
를 볼 수 있는 분노 조절 기술을 소개할 것입니다. 그다음으로
자신의 분노를 분노 기록장에 적어보면서 화를 깊이 이해하여
분노를 조절하는 기술을 소개합니다. 마지막으로 성격별 분노
조절 기술에 대해 설명할 것입니다.

분노 폭발을 피하고 마음을 가라앉히는
7가지 방법

마음속에 다양한 감정들이 마그마처럼 부글부글 끓어오르면 분노가 폭발하게 됩니다. 부글부글 끓는게 느껴진다면 다음과 같은 행동을 시도해보세요. 치밀어오르는 분노를 피하거나 진정시키는 데 도움이 될 거예요.

- 깊게 숨을 들이마십니다.
- 그 자리를 벗어납니다.
- 물을 마십니다.
- 좋아하는 향기를 맡습니다.
- 산책을 하거나 몸을 움직입니다.
- 마음이 차분해지는 장소에 있는 나를 상상합니다(해먹

에 누워 있는 나, 해변에서 음악을 듣는 나 등).

- 분노가 치밀어오르는 그 순간, 전혀 상관없는 것을 생각하는 것도
  효과가 있습니다. 예를 들어 다음과 같은 것들입니다.
  - 머릿속으로 지인들의 이름을 거꾸로 읽는다.
  - 100에서 3씩 빼는 뺄셈을 한다.

이것은 분노와 관련 없는 것을 억지로 떠올려 분노와 관련된 뇌의 움직임을 멈추게 하는 행동입니다. 이러한 행동들을 통해 마음이 진정될 때까지 시간을 벌어주는 효과를 기대할 수도 있습니다.

일기장에 꾸준히 기록하는 습관으로
분노 조절하기

화가 난 자기 자신을 돌아보며 분노의 성분을 정리하고 이해할 수 있다면 우리는 분노를 조절하기가 훨씬 쉬워집니다.

예를 들어 이런 상황을 가정해볼까요? 당신이 직장에서 한창 바쁘게 일하고 있는데 옆에서 한가롭게 유명한 빵집 이야기를 하는 동료가 있습니다. 당신은 그만 화가 나서 "수다 떨 시간이 있으면 일 좀 해!"라며 화를 냈습니다.

회사에서의 이런 분노가 제대로 해소되지 못한 채 퇴근한 당신. 집에 들어오니 당신의 얼굴을 보자마자 "오늘 기분 안 좋아 보이네, 무슨 일 있었어?"라며 걱정해주는 가족의 말에 또 다시 분노가 폭발하고, "내 표정이 어떻다는 거야? 그런 식으로 말하면 진짜 짜증 난다구!"라며 거칠게 쏘아붙이고 말았습니다.

자초지종을 이렇게 적어보면, 동료에게 화냈을 때 당신은 동료에 대한 불만과 더불어 자신의 초조함이나 불안감, 조바심, 부러움, 고립 등의 부정적인 감정을 함께 폭발시켰다는 사실을 깨달을 수 있습니다.

그리고 가족이 걱정돼서 건넨 말 한마디에 화가 난 것은 당신 안에 제대로 끄지 못한 분노의 불씨가 있었기 때문이라는 사실도 알 수 있습니다.

이처럼 분노의 폭발을 조절하기 위해서는 쉽게 눈에 띄는 분노의 분출만이 아니라, 겉으로는 잘 드러나지 않는 마그마 부분 (분노의 성분이나 타이밍 등)에 주목해서 자기만의 분노 조절 기술을 찾아내는 것이 중요합니다.

내면의 깊은 분노와 진지하게 마주하고 그 분노를 꾸준히 기록해갈 때, 자신만의 분노 조절 기술을 찾아낼 수 있습니다. 분노를 느낀 날과 시간, 계기, 그 순간의 생각이나 기분, 몸의 변화, 그 후에 취한 행동과 그 결과를 분노 기록장에 기록해봅시다 (자세한 방법은 p.66-67에 있습니다).

자신의 분노를 주체하지 못하는 사람이 분노 기록장에 기록을 하게 되면 보통 다음과 같은 내용을 쓰게 될 것입니다.

나는 너무 바빠지면 화를 낸다는 걸 알았다.
분노 안에 이렇게 복잡한 요소가 들어있을 줄은 몰랐다.
분노에 의미가 있을 줄은 몰랐다.
내가 상대방에게 많은 기대를 하고 있었다는 사실을 알았다.
별것 아닌 걸로 화를 냈다. 그저 상대가 내 마음을 알아줬으면 좋겠다는 나의 바람이 컸다는 걸 알았다.

분노 기록장에 적은 자신의 분노와 그 분노를 통해 표출된 내

가 보낸 메시지에 주목하게 되면 자신의 마음이 정리되고 분노
의 성분도 이해할 수 있게 됩니다.

그리고 꾸준히 기록하다 보면 어느 날 이런 생각을 하게 될 수
도 있습니다.

'매번 이럴 때마다 화가 났는데 조금 다른 식으로 바라볼 수는
없을까?'

이러한 반성(깨달음)을 할 수 있게 된다면, 자신의 분노를 더욱
깊이 이해할 수 있게 되어 분노를 조절하기도 훨씬 쉬워집니다.

자신의 분노를 잘 다스리고 싶다면 분노 기록장을 추천합니다.

분노 기록장 작성법의 예

분노 기록장

언제, 무엇을 했을 때 화가 났나?	수요일 19시쯤 퇴근 후 약속 장소에서	토요일 7시 아침에 일어난 후
화가 난 계기는?	친구가 약속시간 5분 전에 '야근 때문에 갈 수 없게 됐다'고 연락을 해왔다.	식탁 위에 남아 있는, 남편이 저녁 먹고 치우지 않은 그릇들을 본 후
화났을 때 무슨 생각이 들었나?	나라면 좀 더 빨리 연락을 했을 텐데. 야근은 거짓이고 나와 저녁 먹기 싫었던 건 아닐까. 아니면 남자친구와 약속이 생긴 걸까.	밥을 먹었으면 치우는 게 당연하잖아. 치우는 내 입장을 조금이라도 생각해주면 좋겠다. 남편은 날 소중히 여기지 않는 것 같다.
감정과 크기를 숫자로 표현한다면?	분노(90) 슬픔(90) 실망(80) 질투(30)	분노(90) 슬픔(80) 절망(70) 포기(40)
그 후 몸에 변화가 있었나?	가슴이 아팠다.	피가 머리로 솟아올랐다. 숨쉬기가 어려워졌다. 미간을 찌푸렸을지도 모른다.
그 후 어떤 행동을 했나?	친구에게 답장하지 않았다.	식탁은 그대로 놔두고 기다리다가 남편이 일어나자 소리를 질렀다.
그 결과 어떻게 되었나?	상한 기분이 해소되지 않아 집에 바로 들어갈 마음이 생기지 않았다.	아침부터 기분이 나빠졌다.

깨달은 점

일요일 21시
일이 끝나고 녹초가
되어 집에 돌아왔을 때

집에 오자마자 엄마가 오늘
있었던 일을 쉴새 없이 쏟
아낸다. 내 얼굴을 보고 "맨
날 표정이 뚱하다"고 한다.

나도 피곤하다는 걸 알아
줬으면 좋겠다. 나만 몰아
세우지 않았으면 좋겠다.

분노(90) 분함(90)

심장이 두근거렸다.
머릿속이 하얗게 되었다.

말대꾸하면서 나 자신이
비논리적으로 말하고 있다
는 사실을 깨달았다.

기분이 상한 상태가 계속
되어 부모와 거리를 두고
싶다는 생각이 들었다.

화요일·점심
평소 불안감과 짜증이
쌓여 있었다.

목요일·점심
나의 옳음을 잣대로 들
이대며 내 기준을 중심
에 둔 것 같다.

토요일·밤
분노를 폭발할 때는 다
른 부정적인 감정도 뒤
섞인다.

67

마음
스트레칭

자신의 분노 유형 이해하기

쉽게 분노하는 사람들은 대개 다음의 세 가지 유형
으로 나뉩니다.

첫 번째 유형 : 자신의 기준을 잣대로 타인을 판단하는 사
람. 이런 사람은 입버릇처럼 다음과 같은 말을 합니다.
보통은 ○○하잖아.
○○하는 게 당연하니까.
○○해야 하잖아.

두 번째 유형 : 항상 상대방(부모·배우자·상사 등)의 기준
에 자신을 맞추며 꾹 참는 사람. 이런 사람은 늘 이런 식으
로 말을 합니다.

○○ 씨가 그렇게 말한다면(미움받고 싶지 않으니까) 나도~
내 탓이 아닌데~

세 번째 유형 : 화를 내지 않으면 자신의 마음을 상대방에게 전하지
못하는 사람. 이런 사람은 늘 이런 식으로 말합니다.
내 마음을 좀 알아줬으면 좋겠어.
어째서 이해해주지 못하는 거야?

자신이 첫 번째에 해당된다고 생각한다면 옳고 그름을 판단하
는 자신의 사고의 틀을 넓히고 의식적으로 '상대방은 내가 아니
니 나와 다른 건 당연하다'고 생각하는 연습을 해보세요. 그러
면 지금까지 자신을 짜증 나게 했던 상대의 말에 대한 허용 범
위가 넓어지고 분노가 치밀어 오르는 상황이 줄어들게 됩니다.
예를 들어 '보통은 더 자주 연락하고 그러지 않나?'라며 그동
안 화나는 감정을 느꼈던 상대에 대해 '일하느라 바빠서 그런

거겠지. 이번엔 특별히 다른 이유가 있었을 수도 있고. 다음에 만나서 천천히 사정 얘기를 들어보면 되지 뭐'라는 식으로 생각하는 것입니다.

두 번째 유형에 해당하는 사람은 계속 상대방에게 무조건 자신을 맞추다가, "(난 매번 이렇게 계속 참으면서) 네 뜻대로 다 따라줬잖아!"라며 상대에 대한 불만이 점차 분노로 바뀌어가는 스타일입니다.

이러한 사람은 상대방에게 맞춰주기로 한 것은 자기 스스로 결정한 것이므로 상대방에게 화를 내봤자 소용이 없다는 사실, 즉 분노의 원인은 자기 자신에게 있음을 깨달아야 합니다. 그리고 이제는 타인이 아닌 내면의 소리에 귀를 기울여 자신이 원하는 것을 들어주겠다는 마음의 다짐을 하는 것이 좋습니다.

세 번째 유형인 사람은 자신의 마음을 분노와는 다른 방식으로 전하는 방법을 찾아보세요. 언성을 높이지 말고 침착하게 "난 그때 이렇게 생각했어. 슬펐어"라거나, "난 진짜 열심히 했는데" 하는 식으로 솔직하게 자신의 진심을 상대방에게 전하는 것입니다.

물론 차분하게 말했다고 해서 상대가 반드시 그 마음을 알아준다는 보장은 없습니다. 하지만 적어도 화를 내면서 말할 때보다는 훨씬 더 당신의 마음이 상대방에게 잘 전달될 것입니다.

3장

지금 이곳의 나를
의식한다

한 손으로는 핸드폰으로 SNS를 확인하면서
동시에 다른 한 손으로는 입에 빵을 넣는다.
점심을 먹으면서 동시에 머릿속으로는
오후에 있을 회의 준비를 한다….

바쁜 일상에 쫓기다 보면
이렇게 뭔가를 하면서 동시에 다른 뭔가를 하는 게
어느샌가 당연해지고
자신의 마음이나 몸의 감각은 뒷전으로 밀리게 됩니다.

그러나 계속해서 지금 이곳에서 뭔가를 하면서도
마음은 지금 이곳에 없는 하루하루를 보내다 보면,
우리는 조만간 심리적인 문제를 겪게 되고,
지금 이곳에 있는 자기 자신을 느낄 수 없게 됩니다.
나를 잃어버리게 됩니다.

지금 이곳에 있는 나와 온전히 마주하는 훈련을 시작해보세요.

마음이 항상
다른 곳에 가 있다면

걸으면서 항상 다른 생각을 한다.

늘 생각을 하면서 식탁에 앉아 있기 때문에 음식

맛을 제대로 느끼지 못한다….

여러분 중에는 혹시 이런 경우 없나요?

'지금 이곳'에서 뭔가를 하고 있으면서도 마음은

늘 '지금 이곳'을 떠나 있는 사람들이 있어요.

눈은 허공을 바라보고, 딴 생각을 하곤 하지요.

만약 당신이 그런 일상을 보내고 있다면

지금 이곳, 즉 눈앞에 놓인 일이나 눈앞에 있는

사람에게 집중하지 못하는 것이 당연합니다.

어쩌면 심리적인 문제가 발생할 수도 있습니다.

우울해지거나 불안함이 느껴질 때도, 우리 마음은 지금 이곳을 떠나버리곤 합니다.

예를 들어볼까요?

'그때 난 왜 그런 말을 했을까'라든가, '다음 주 발표가 너무 걱정돼서 밤에도 잠을 제대로 잘 수가 없어'라는 식으로, 자신의 마음이나 말, 행동에 대해 옳고 그름의 잣대를 들이대며 평가를 내리기도 하고, 과거의 일이나 미래의 일에 마음이 가 있기도 합니다. 이런 상태라면 집중력과 기억력이 감퇴되고 능률이 떨어져 눈앞에 놓인 일도 진행이 더딘 것은 어쩔 수 없습니다.

그럼 자신의 의식을 '지금 이곳'에 집중시키기 위해 어떻게 하면 좋을까요?

마음
스트레칭

지금 이곳에 존재하는 나를 깨닫는
작은 훈련

지금 이곳에 있는 나에게 집중하고, 지금 이곳에 있는 나의 마음을 온전히 알아볼 수 있도록 일상생활 속에서 다음과 같은 행동을 실천해보세요.

- 아침에 눈을 뜬 후 약 5분 정도는 자신의 호흡에만 주의를 기울인다.

- 이를 닦을 때는 오로지 칫솔질에 집중해서 치아 하나 하나를 꼼꼼히 닦는다.

- 욕조에 몸을 담글 때나 샤워 물줄기가 피부에 닿았을 때의 감각, 그리고 샴푸에서 나는 향기나 머리 감을 때의 손의 촉감 등에 의식을 집중한다.

- 바깥을 걸어 다닐 때는 눈으로 보이는 것 이외에 후각

으로 느껴지는 향기나 냄새, 피부에 닿는 바람의 감각 등을 적극적으로 받아들인다.

• 식사할 때는 처음 다섯 숟가락의 맛이나 씹을 때의 느낌, 풍미를 음미하며 맛본다.

• 곰 인형을 꼭 끌어안고 인형의 폭신폭신한 감각을 온몸으로 느낀다.

이와 같이 지금 이 순간의 오감이나 자신의 몸을 온전히 느끼려는 노력을 꾸준히 하다 보면 지금 이곳에 있는 자신의 체험이나 그 순간의 마음을 더 깊이 알 수 있게 되고, 이를 통해 집중하는 시간과 긴장을 푸는 시간을 균형 있게 조절할 수 있게 됩니다.

이것은 지금 이 순간의 자기 자신에게 주목하기 위한 방법으로 '마음챙김(mindfulness)'이라 불립니다.
마음챙김은 지금 이곳에서의 체험을 '옳다, 그르다', 혹은 '도움이 된다, 안 된다'라는 평가 판단은 하지 않고 오로지 바라보고 주의를 기울이도록 돕습니다.

최근에는 기업들도 그 효과에 관심을 보이고 있습니다. 애플이나 야후, 구글, 스타벅스 등의 세계적인 대기업에서는 사원 대상 프로그램에 이 마음챙김을 적용하고 있습니다.

간혹 '마음챙김 = 명상'이라고 오해하는 사람도 있지만, 명상은 마음챙김 훈련 중 하나에 불과합니다. 마음챙김이 곧 명상은 아닙니다.

정신 차려보면 언제나 지금 이 순간에 마음을 두지 못하고, 지금 이곳에서는 해결할 수 없는 과거의 일에 대한 비난이나 후회, 다가오지 않은 미래에 대한 불안을 끌어안고 계속 제자리걸음(사고의 악순환)만 하고 있을 때가 많은 사람이라면 이 마음챙김 훈련을 연습해보기 바랍니다.

그게 어떤 것이든 지금 이 순간의 마음이나 감각을 차분히 음미하고, 맛보고, 그대로 받아들인다는 것은 지금 이 순간의 나를 받아들이는 것과 같습니다. 이것은 후회와 불안으로 가득했던 일상에서 벗어날 수 있는 계기가 될 것입니다.

행운을 가져다주는 것에
지나치게 의지하고 있다면

가지고 있으면 좋은 일이 생길 것 같은 행운의 아이템이나 부적 같은 것이 있나요? 중요한 순간에 기분을 좋게 하고 마음을 안정시켜주는 의지가 되는 물건 말이에요.

그러나 행운을 가져다줄 것만 같은 물건에 지나치게 의지하는 것은 위험합니다.
'요즘 일이 잘 풀리는 건 다 이것 덕분이야'라며 전적으로 그 물건에 의지하다가는, 잘못하면 그것 없인 평생 자신감을 가질 수 없게 될 수 있기 때문입니다.

혹은 항상 행운의 아이템을 몸에 지니고 다니던 사람이 어느 날 깜빡하고 집에 두고 왔다면 어떻게 될까요? 아니면, 그것을 평소처럼 늘 지니고 있었는데도 실패를 했다면요? 행운을 가져다주는 효과가 사라지면 패닉에 빠져서 실패나 실수를 전부 그것 탓으로 돌릴지도 모릅니다.

나를 지켜주는 이 부적 같은 물건에 지나치게 의지하게 되면 건강상의 문제가 발생할 수도 있습니다. 예를 들어 대인공포증이 있는 사람이 '마스크를 끼고 있으면 부끄럽지 않다'며 항상 마스크를 착용한 결과, 대인공포증을 극복하기는커녕 오히려 적극적으로 치료받을 수 있는 기회조차 잃게 됩니다.

이와 비슷한 경험이 있다면 다음 페이지에 나오는 내용을 실천해보기를 권합니다.

나에게 호흡을 집중함으로써
잊어버리기

나를 지켜주던 행운의 아이템이나 부적을 어떻게 해
야 할까요? 이것 없이는 뭔가 시작하는 것이 겁이 나
고 외출도 할 수 없다면 이제부터 스스로 자신감을
갖는 훈련을 해보기 바랍니다. 자기 자신을 있는 그
대로 받아들이는 것입니다.
방법은 다음과 같습니다.

나를 지켜주는 이 행운의 아이템에 지나치게 의지하
지 않고 스스로에게 자신감을 가지고 싶다면 먼저
행운의 아이템이 없는 곳에 한번 있어보세요.
그리고 불안이 찾아오면 그 행운의 아이템을 떠올리
며 10회 정도 자신의 호흡에만 의식을 집중해봅니다.

'자신의 호흡에 의식을 집중한다'는 말은 '지금 이곳'에 존재하는 자기 자신에게 의식을 집중한다는 의미입니다.

행운의 아이템이 사라질지라도 당황하지 말고 오로지 자신의 호흡에 집중하며 '지금 이곳'에 있는 자신에게 의식을 집중합니다. 이렇게 훈련을 하다 보면 행운의 아이템이 없어도 마음의 평온을 유지할 수 있게 됩니다.

계절의 변화를
느끼지 못한다면

당신은 무엇으로 계절의 변화를 느끼나요?

나는 시간의 여유가 생기면 집 근처 공원을 산책
하곤 합니다. 추운 겨울날 아침에는 조금 망설여
지기도 하지만 그래도 힘내서 바깥으로 나가 공
원에 도착하면 역시 나오길 잘했다는 생각이 듭
니다.

2월의 어느 날의 일입니다. 나는 봄기운을 느끼며
공원을 걷고 있었습니다. 이제 막 피기 시작한 꽃

봉오리를 발견하고 잠시 멈추어 선 채 깊게 숨을 들이마셨습니다. 그러자 꽃향기가 퍼지면서 추위로 움츠러들었던 몸이 봄을 느끼며 긴장이 풀어지고 나도 모르게 마음이 편해졌습니다.
그 순간, 나는 깨달았습니다.

'어째서 난 지금까지 이런 계절의 변화를 느끼지 못했던 걸까? 왜 항상 긴장하고 예민해져 있었던 걸까?'

나는 늘 걷던 산책길을 따라 공원을 걸으며 새삼 마음이 평온해지는 걸 느꼈습니다.

창문을 열고 살갗을 스치는
바람 느껴보기

공원은 안전합니다. 갑자기 차나 자전거가 튀어나오는 경우도 없습니다. 위압감을 느끼게 하는 높은 건물도 없습니다. 나무들이 바람을 따라 살랑살랑 움직이기는 하지만 가만히 그곳에 멈추어 서 있을 뿐, 결코 나를 위협하지도 않습니다. 그러므로 나는 안심하고 걸을 수 있습니다.

나무들은 바람을 따라 살랑살랑 움직이며 살아 숨을 쉽니다. 숲속을 걷고 있으면 나무들과 함께 호흡하며 몸을 움직이고 있는 자신을 느낄 수 있습니다. 이 편안하고 좋은 기분이 일상의 활력으로 이어집니다.

여기서 우리는 중요한 정신 건강의 원칙을 발견할 수

있습니다. 삶을 더 살기 편하게 만들기 위해서는 지금 이 순간 느낄 수 있는 감정에 주목해야 한다는 사실입니다. 우리는 언제 어디서든 그 순간이 주는 기분 좋은 느낌들과 이어질 수 있습니다.

우리는 항상 어떤 목표를 달성하기 위해 매일 애쓰고 있습니다. 하루하루가 경쟁이고 하루하루가 전쟁터입니다.
계속 뭔가를 해야 한다는 강박 속에서 바쁘게 움직이다 보면 나 이외의 것은 보이지 않게 되고 '지금 이곳'에서 느낄 수 있는 계절의 변화조차 느낄 수 없게 됩니다.

긴장되거나 짜증 날 때는 창문을 활짝 열고 살갗을 스치는 바람을 직접 느껴보세요. 음악을 들을 때나 식사를 할 때도 지금 이 순간이 주는 다양한 감정들을 적극적으로 느껴보세요. 그렇게 지금 이 순간을 만끽하다 보면 계절의 변화도 자연스럽게 느낄 수 있게 됩니다.

지금 이곳의 나에 집중하는
마음챙김 요가

마음챙김을 통해 '지금 이곳'에서 일어나는 일에 주의를 기울이게 되면, 자연스럽게 자신의 몸에 주의를 기울이게 됩니다.

최근에는 이러한 마음챙김을 적용한 요가가 주목을 받고 있습니다.

'마음챙김 요가는 이런 것이다'라고 정해진 것은 없습니다. 굳이 말하자면, '지금 이곳에 있는 자신의 미묘하고 미세한 몸의 변화를 깨닫는 요가'가 마음챙김 요가입니다.

마음챙김 요가에서는 어떤 자세를 취하든, 몇 초

동안 그 동작을 유지하든 그런 것은 중요하지 않습니다. 자세가 좋든 나쁘든 상관없이 지금 자신의 몸을 어떻게 하면 더 곧게 뻗을 수 있는가에 의식을 기울인 것이 마음챙김 요가입니다.

몸의 긴장을 풀고 손끝을 쭉 뻗는다.
몸을 쭉 뻗은 자세에서 천천히 숨을 내쉰다.
손끝을 앞으로 더 뻗을 수 있게 된 것을 알 수 있다.
손끝이 앞으로 더 뻗는 것을 볼 수 있다

이 동작을 반복하며, 복식호흡으로 숨을 들이쉬고 내쉰다. 숨을 들이쉴 때는 긴장하고 내쉴 때는 긴장을 풀면서 자신의 몸의 변화를 느낀다. 이 동작을 할 수 있다는 작은 성취감도 느낀다.

이러한 동작과 발견이 바로 마음챙김 요가의 즐거움입니다.

마음 스트레칭 — 미세한 내 몸의 변화를 느껴보자

정적인 자세 명상에 가까운 자세. 몸과 마음에 대한 깊은 깨달음을 얻을 수 있다.

평온하게 누운 자세

누워서 눈을 감고 내면에 집중하는 시간이다. 장시간 같은 자세로 책상에 앉아 있는 사람에게 좋다. 잠들기 전 침대 위에서 해본다.

① 바닥에 편하게 누워 눈을 지그시 감는다. 눈을 반쯤 뜨고 있어도 된다.
② 몸 전체의 힘을 빼고 숨을 크게 들이마셨다가 천천히 내쉰다.

포인트 발목을 돌리는 것도 좋다.

자세 하나하나에 마음을 담아 천천히 호흡하며 동작을 취합니다. 마음챙김 요가를 꾸준히 하면 몸이 가벼워지고 마음이 안정되는 것을 느낄 수 있습니다.

결가부좌 자세

등을 곧게 펴고 깊은 호흡을 한다. 등줄기가 곧게 서면 가슴이 펴지고 깊게 호흡할 수 있다.

①바닥에 결가부좌 자세로 앉아 등줄기를 곧게 펴고 천천히 호흡한다. ②이 자세를 몇 초간 유지했다면 발을 풀고 휴식한다. ③1회에 1분 이상 이 자세를 유지할 수 있도록 연습한다.

포인트 처음에는 한쪽 발만 올리는 반가부좌부터 시작해서 익숙해지면 양발을 올리는 결가부좌 자세를 취한다.

몸이 쭉 뻗어지는 것을 느낄 수 있다. 여러 번 계속하다 보면 몸이 유연해지고 균형이 잡힌다.

강아지 자세

크게 뭉친 근육이 풀어져서 몸과 마음의 긴장을 느슨하게 할 수 있다.

①양 무릎은 곧게 편 상태에서 양손과 양발로 바닥을 짚어 네발로 기어가는 자세를 취한다. ②양손과 양발로 체중을 균일하게 지탱하면서 엉덩이를 올려서 몸 전체로 삼각형을 만든다. ③등을 곧게 뻗은 상태에서 발을 보며 상반신을 발 쪽으로 다가간다. ④목과 어깨의 힘을 빼면서 천천히 호흡을 반복한다.

포인트 등이 둥글게 말리는 사람은 발꿈치를 올려서 무릎을 굽혀도 된다.

회전 삼각 자세

전신의 균형이 잡히고 유연성이 좋아지며 몸이 상쾌해진다.

① 두 손을 허리에 올리고, 왼발을 앞으로 내민다. 오른쪽 발은 45도로 벌린다. ② 숨을 들이마시면서 오른손을 위로 올리고, 숨을 내쉬면서 상체를 앞으로 숙인다. ③ 오른손을 바닥에 내리고 숨을 들이쉬면서 상체를 뻗는다. ④ 몸을 왼쪽으로 비틀며 왼손을 올린다. ⑤ 4~5회 깊게 호흡한다. 반대쪽도 똑같이 한다.

포인트 손이 바닥에 닿지 않을 때는 받침대를 준비해 그곳에 손을 짚는다.

4장

생각하는 방식을 개선한다

주변 사람들의 기대에 부응하지 못했을 때,
'정신 차려!'라는 내면의 목소리가 들렸던 적이 있나요?

의식하면 할수록 더욱 불안해지지는 않았나요?

정신 차리고 보면 늘 같은 벽 앞에서
늘 똑같은 갈등과 싸우는 자신을 발견했던 적이 있을 거예요.

이와 같은 내면의 갈등이나 불안, 괴로움은
그동안 한쪽으로 치우쳤던 자신의 사고방식을 수정해서
새로운 관점에서 생각하는 습관을 들임으로써
가라앉힐 수 있습니다.

부정적인 내면의 목소리 때문에
괴로워하고 있다면

당신은 자신의 내면의 목소리 때문에 괴로웠던 적이 있나요?

마음이 괴롭고 힘들 때, 또는 짜증이 솟구칠 때, '이렇게 했어야지!'라든가, '이건 이런 거잖아!' 라는 목소리가 머리에서 떠나지 않았던 적이 있을 겁니다. '정신 좀 차려!'라고 스스로를 책망하는 목소리가 들리거나, '그런 식으로 하면 넌 ○○ 자격도 없어', '아무도 날 필요로 하지 않는구나' 라는 목소리에 더욱더 휘둘리게 된 적도 있을 겁니다.

불안감이 엄습하거나 마음이 약해지면 우리 마음속에는 이러한 내면의 목소리가 서로 영향을 주고받으며 우리를 더욱더 불안하게 만듭니다. 그러나 이 내면이 목소리는 다른 누군가의 평가나 판단에 불과합니다. 그리고 냉정하게 생각해보면 그 내면의 목소리가 정말로 옳은 말인지 아닌지도 알 수 없습니다. 내면의 목소리 때문에 자주 시달리는 사람이 있다면 이 내면의 목소리를 일단 괄호 안에 넣는 기술을 익혀보기 바랍니다. 방법은 간단합니다.

판단을 보류하면
한 걸음 내디디기 쉽다

내면의 소리를 괄호 안에 넣는다는 것은 자신의 평
가나 판단을 일단 보류한다는 의미입니다. '내면의
소리가 맞는지 아닌지 아직 알 수 없으니까, 그렇다
면 일단 그 소리에는 귀를 기울이지 않겠어!'라고 정
해버리는 것입니다.

우리는 매일매일 판단과 평가를 내리며 살아가고 있
습니다.

이건 이렇게 해야 하는 거니까….

이건 괜찮아.

그건 아니야….

이런 모든 판단과 평가들을 일단은 보류하자는 것입니다.

사람들은 불안감이나 갈등을 느낄 때, 심리적으로 힘든 상황에 처하거나 의욕을 잃었을 때, 시야가 좁아지고 판단력이 흐려지기 쉽습니다.
시야가 좁아지면 눈앞에 있는 정보로 뭔가를 판단할 수밖에 없습니다. 단편적인 정보와 순간적인 판단력을 가지고 뭔가를 결정했다가는 나중에 후회하는 일이 생길 수 있습니다.
따라서 이런 경우에는 자신을 괴롭히는 평가나 판단을 일단 괄호 안에 넣어둬 보세요. 그렇게 된다면 심리적인 고뇌나 싫은 감정을 누그러뜨릴 수 있습니다.

판단이나 평가 보류가 마치 도망치는 것처럼 여겨져 저항감을 느끼는 사람도 있을 것입니다. 그러나 그러기까지 많은 고민을 했다면 그 사람은 이미 충분히 노력한 것이므로 도망치는 것이라고 부정적으로 생각할 필요는 없습니다.

괄호 안에 넣어두는 방법은 간단합니다. 괴롭거나 힘들 때, 판단과 평가를 보류하겠다는 의지를 자기 자신에게 스스로 인식시키는 것입니다.

'좋아, 일단 멈추자!'
'그런 생각은 괄호 안에 넣어버리자!'

물론 괄호에 넣었다고 해서 상황이 바뀌지는 않습니다. 하지만 자신을 괴롭히던 평가나 판단을 보류하게 되면 그때까지는 생각하지 못했던 다른 평가나 다른 판단이 있을 수 있다는 사실을 깨닫기 쉬워집니다. 그러면 이 행위가 그동안 자신이 있었던 세계에서 자신을 끄집어내는 최초의 한 걸음이 될지도 모릅니다.

자신을 괴롭히는 평가나 판단을 괄호 안에 넣을 수 있게 되었다면, 이제는 마음을 가라앉히고 괄호 안에 넣어둔 평가나 판단을 하나씩 종이에 적어보세요. 이 과정을 계속 반복하다 보면 자신이 언제나 같은 내면의 목소리에 괴로워하고 있음을 알 수 있게 됩니다. 그러면 새로운 한 걸음을 내딛기가 훨씬 쉬워집니다.

의식할수록 신경 쓰이고
불안감이 심해진다면

뭔가 너무 신경 쓰인 나머지 잠을 이루지 못했던
적이 있나요? 잠들지 못하는 밤이 며칠이나 계속
된다는 것은 '자기 주목의 덫'에 걸렸다는 증거
입니다.

나에게는 등에 오래된 상처가 있는데, 땀이 나면
그 부위가 간지러워집니다. 특히 혼잡한 지하철
안에서 등이 가려우면 긁을 수도 없고 정말 곤란
합니다.

'등이 더 가려워지지 않을까?'라는 불안감이 고
조되고, 신경은 온통 등의 가려운 부분에 집중됩

니다. 신경 쓰지 않으려고 하면 할수록 의식은 등의 가려움에 집중되어 더욱 참을 수 없게 됩니다.

이와 비슷한 경험이 많이 있을 겁니다.
일하다가 작은 실수를 하게 되면 자꾸만 그것에 신경이 쓰이고, 실수한 자신에 의식이 집중된 나머지 더욱더 실수를 연발하게 됩니다.
음식이나 스트레스로 '위가 아파지는 것 같다'는 생각이 들기 시작하면 신경은 온통 복부에 집중되어 불편감을 느끼게 되고 위가 더욱더 쿡쿡 쑤십니다. 사람들은 이렇게 매일같이 '자기 주목의 덫'과 싸우고 있습니다.

마음
스트레칭

다른 일에 주목해서
불안으로부터 벗어난다

불안을 해결하려고 한 나머지 오히려 불안한 것들에 더욱 주목하게 되고, 자신의 의식 속에서 불안이 증가하는 것이 '자기 주목의 덫'입니다.

자기 주목의 덫에서 벗어나는 지름길은 기분을 전환하는 것입니다. 혼잡한 지하철 안에서 등의 가려움증으로 고통스러워하던 나의 경험을 이야기하고자 합니다.

나는 그날 아침에도 혼잡한 지하철 안에서 등의 가려움 때문에 괴로워하고 있었습니다. 혼잡한 지하철 안에서 느끼는 가려움은 평소의 두 배입니다. 게다가 다음 역까지 가는 시간이 훨씬 더 길게 느껴집니다.

그런데 갑자기 지하철이 '끼이익' 하는 브레이크 소리

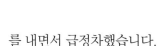

를 내면서 급정차했습니다.

'무슨 일이 생긴 걸까?' 궁금해서 고개를 들어 기웃거려보았으나 지하철 안에서는 급브레이크의 원인을 알아낼 리가 없습니다. 이윽고 지하철은 아무 일 없었다는 듯이 천천히 움직이기 시작했습니다. 정신 차리고 보니 등의 가려움은 어느샌가 사라졌습니다.

등의 가려움이 신경 쓰이기 시작했을 때, 다시 말해 자기 주목의 덫으로 걱정이나 불안이 한층 더 커질 것 같을 때는 신경을 자기 이외의 다른 것에 쏟는 것이 불안이나 걱정에서 벗어나는 지름길이 됩니다.

늘 같은 불안에 반복적으로 시달리고 있다면 그 불안에 신경을 빼앗겨서는 안 됩니다. 깊이 고민하지 말고 뭐든 상관없으니까 지금까지와는 다른 행동을 하며 기분을 전환해보세요.

자기 주목의
덫에 빠졌다면

혹시 물건을 잘 잃어버리거나 하진 않나요?

예전에 나는 우산을 자주 잃어버리곤 했습니다.

그래서 언제부턴가 비 오는 날에 잃어버려도 전혀 아깝지 않은 비닐우산만 들고 다니기로 했습니다.

그랬더니 어떻게 되었을까요? 비닐우산을 절대로 잃어버리지 않게 되었습니다. 지하철에서 깜빡 졸고 있다가도 우산은 꼭 챙겨 내렸습니다.

그 결과 집 신발장은 비닐우산들로 가득합니다. 이 우산들을 줄여보려고 비 오는 날 '이젠 우산을 잃어버려도 괜찮아', '우산 신경 쓰지 말고 편히 돌아다녀야지'라고 생각하며 외출했습니다. 그런데 이상하게도 그런 생각을 하면 할수록 나의 의식 속에서 비닐우산의 존재감이 강해져서 우산을 잃어버리지 않게 되었습니다.

왜 우산을 잃어버리지 않게 되었던 걸까요? 그것은 '생각하지 않으려고 했더니 오히려 더 그것에 신경이 집중된다'는 자기 주목의 덫에 빠졌기 때문입니다.

자기 주목의 덫에 빠지지 않기 위해서는 앞에서 이야기한 것 같이 '주의를 다른 것으로 돌리는 것'이 하나의 방법입니다. 잘 되지 않는다면 그것에 대해서는 생각하지 않는 것도 좋습니다. 다른 것에 주목하는 것이 아니라 생각 그 자체를 멈추는 것입니다.

마음
스트레칭

생각을 멈추고
괴로워하는 자신을 위로한다

우산을 생각하지 않게 되자 우산에 대한 관심이 자연스럽게 사라졌습니다. 이를 통해 불안이나 자기혐오를 품던 자기 자신을 인정하게 되면 스스로를 괴롭히던 부정적인 사고와 거리를 두기 쉬워진다는 사실을 깨달았습니다.

한 가지 예를 더 들어볼까요?

어느 날 '아, 내일은 회사 가기 싫어'라는 생각이 들었다고 합시다. 그럴 때 성실한 사람이라면 스스로를 책망하고 다그칠지도 모릅니다. 이럴 때 출근하고 싶지 않은 나를 그런 식으로 책망하지 말고 '내일은 회사 가기 싫구나', '뭔가 걱정되는 일이 있나 보네'라고 스스로에게 위로하는 말을 건네보는 겁니다.

왜일까요?

부정적인 자신에게 위로의 말을 건넨다는 것은 회사에 가고 싶지 않은 나와 그런 나를 바라보는 나를 인정한다는 의미가 됩니다. 이처럼 자기 안에 있는 자신을 바라볼 수 있다면 회사를 쉬고 싶어하는 나의 마음을 이해할 수 있게 되고, 나아가 '연차라도 낼까?'라는 식으로 자신에게 해줄 다정한 말도 쉽게 떠오릅니다.

이렇게 자기 자신을 객관적으로 바라볼 수 있게 되면 스스로를 괴롭히던 생각으로부터 거리를 두기 쉬워집니다.

나는 더 이상 비 오는 날에 우산을 생각하지 않게 되고 '우산을 잃어버린다'는 생각과도 거리를 둘 수 있게 되자, 그 이후에는 우산을 잃어버리든 잃어버리지 않든 어떤 생각에 대해서도 자유로워졌습니다. 우산에 대한 관심 자체가 사라진 것입니다.

나를 괴롭히는 고정관념과 착각에서 자유로워지고 싶다면

해삼을 만져본 적이 있나요? 해삼의 표면은 부드러울 것 같은데 만져보면 생각보다 딱딱합니다. 이것은 실제로 만져보면 알 수 있는 경험입니다. 사람이 자신의 몸을 만졌을 때, 해삼은 어떤 심정이었을까요? 〈도리를 찾아서(Finding Dory)〉라는 디즈니 영화를 보면 이것을 알 수 있습니다.

영화 속에서 아이들은 마치 공중에서 끊임없이 쏟아지는 폭탄처럼 수조 속에 손을 쑥 집어넣고 해삼을 인정사정없이 쿡쿡 쑤셔댔습니다. 아이들의 손은 다시 수조 속의 불가사리들을 향하더

니 그것들을 억지로 떼어내었고 불가사리들은 비명을 질렀습니다.

아이들에게는 해삼을 직접 체험할 수 있는 소중한 추억이 될지 모르지만, 해삼에게는 공포 체험입니다. 인간과의 만남 같은 훈훈한 체험이 결코 아닙니다.

해삼의 입장에서 그때의 심정이 어땠을지 한번 상상해볼까요? 반대의 입장에서 사물을 바라보는 것은 그렇게 쉽지 않습니다. 입장을 바꾸어 생각하면 우리는 자신을 괴롭히던 편견이나 착각으로부터 자유로워질 수 있습니다.

지금까지의 근거를 재검토하고
과거와 다른 판단을 내린다

그렇다면 자신이 보낸 SNS 메시지가 '읽음'으로 바뀌었음에도 상대방(A)이 답장을 하지 않는 '읽씹'을 예로 들어 생각해볼까요?

읽씹 때문에 뭔가 찜찜한 기분이 들었을 때, 우선 불쾌한 감정을 느끼게 하는 자신의 생각(인지)과 이를 뒷받침할 팩트(근거)를 정리해봅니다.

생각 : A가 혹시 나를 싫어하는 게 아닐까?

팩트 : 최근 A가 보내는 답장의 글자 수가 많이 줄었다.

이어서, 최근 그 사람과 나누었던 대화 중에서 '생각'과는 다른 의견(반증)을 적극적으로 찾아봅니다. 그러자 A의 다음과 같은 말이 떠올랐습니다.

다른 의견 : A가 얼마 전에 "SNS를 줄이고 싶다"고 말한 적이 있다.

앞의 '생각'과 이 '다른 의견'을 조합해보면, 이번의 읽씹을 다음과 같은 시점에서 해석할 수도 있다는 사실을 알게 됩니다.

새로운 시점 : 내가 보낸 메시지는 답장이 필요한 내용은 아니었다. 요즘 A가 SNS를 되도록 줄이고 싶다고 했으니까 읽씹은 그렇게 신경 쓸 필요가 없을지도 모른다.

어떤가요? 이처럼 다른 의견을 계속 떠올리면서 팩트와 다른 의견을 연결지어보면 새로운 관점이 생기지 않나요? 그렇게 되면 처음의 '생각'은 보다 시야가 넓은 '새로운 시점'으로 바뀌어, 찜찜한 마음을 해소할 수 있게 됩니다.

그러나 생각만큼 다른 의견을 찾지 못할 수도 있습니다. 그럴 때는 지금까지의 고정관념을 버리고 다른 시점과 다른 생각을 종이에 적어보는 방법을 추천합니다.

선택의 갈림길에서
갈등하게 된다면

감정이나 욕구, 동기 등이 서로 얽히고설켜서 어떤 선택을 해야 할지 망설여질 때가 있습니다. 이런 점을 생각하면 이렇게 해야 할 것 같고, 저런 점을 생각하면 저렇게 해야 할 것 같을 때, 당신은 어떤 식으로 갈등을 해소하나요?

내가 아는 사람 중에는 갈등과 돈을 저울질해서 갈등을 해소하는 사람이 있습니다. 갈등과 돈을 저울질한다고요? 무슨 말인지 설명해보겠습니다.

그 사람은 워킹맘입니다. 매일 아침 유치원에 데

려다줘야 하는 두 살 된 아이가 있습니다. 갑자기 야근을 해야 할 때도 있고, 아이에게 열이 났다며 근무 중에 유치원에서 전화가 올 때도 있습니다. 그럴 때는 근처에 사는 친정엄마의 도움을 몇 번 받곤 했습니다.

친정엄마가 계셔서 다행이긴 하지만 자신의 삶에 만족하지는 못했습니다. 도움을 청할 때마다 육아에 사사건건 참견하는 엄마가 못마땅했고, 엄마가 시키는 대로 대학에 들어가고 직장을 구했던 그동안의 삶이 후회스러웠기 때문입니다.

일에서 오는 스트레스와 육아 스트레스, 친정엄마와의 갈등과 그로 인한 스트레스. 이러한 스트레스들을 푸는 상대는 언제나 남편이었습니다. 그렇지만 아무래도 이건 옳지 못하다는 생각에, 그녀는 자신이 귀가하기 전까지 아이를 돌봐주는 일을 친정엄마가 아닌 베이비시터에게 의뢰하기로 했습니다. 베이비시터 비용은 시간당 2만 원입니다. 그때 그녀는 이런 식으로 생각했다고 합니다.

'엄마와의 갈등을 해소하는 가격이 2만 원? 아이를 하루 종일 맡기게 되면 10시간에 20만 원? 이건 너무 부담스러운 금액이네. 우리 집 형편을 생각하면 엄마와의 갈등은 그냥 넘겨버리고 지금처럼 엄마에게 부탁하는 게 낫겠어.'

이렇게 마음먹자 마음이 편해지면서 엄마에게 저항하지 않고 아이를 돌봐달라고 부탁하게 되었다고 합니다.

물론 도와달라는 요청을 받은 친정엄마는 변함없이 잔소리가 심하다고 합니다. 하지만 그 사람은 요즘 엄마의 잔소리를 들을 때마다 '2만 원, 2만 원'이라고 마음속으로 중얼거린다고 합니다.

마음
스트레칭

다른 시점이나 다른 생각을
종이에 직접 적어본다

사람들은 난처한 일이나 문제에 부딪히게 되면 늘 하던 대로 대응하게 됩니다. 우리 인간에게는 굳어진 사고방식이 있어서, 버릇이 되어버린 그 사고방식에서 벗어나지 못하기 때문입니다.

그러나 선택의 갈림길에서 아무리 단단한 벽을 마주하게 될지라도 위에서 예로 든 경우처럼 '돈'이라는 새로운 시점에서 그 벽을 바라볼 수 있게 된다면 지금까지와는 다른 해결책을 찾을 수 있습니다.

만약 새로운 시점을 발견할 수 없다면 머리가 아니라 손으로 생각해보세요. 다음의 방법 중 어떤 것이든 머릿속에 떠오른 내용들을 종이에 적어보는 겁니다.

• 인지, 근거, 반증을 적는다

당신의 생각(인지), 그렇게 생각한 이유(근거), 당신의 생각이 올바르지 않다는 것을 보여줄 의견(반증)을 적습니다. 근거와 반증을 나열해나가면서, 지금까지 당연하게 생각했던 사고방식에 고정관념이나 편견은 없었는지 다시 생각해보세요.

• 다른 사람의 시점에서 생각한다

예를 들어 다음과 같은 시점에서 문제를 다시 바라봅니다.

- 지금 나와 같은 상황에 처한 사람이 있다면, 나라면 그 사람에게 어떤 조언을 해줄까?
- 자신이 존경하는 그 사람이라면 지금 이 상황에 어떻게 대응할까?
- 과거의 나, 혹은 미래의 나는 지금의 나를 어떻게 생각할까?

이와 같은 시점에서 내린 판단을 종이에 적은 후 그 판단에 대해 다시 생각해봅니다.

• 자신의 옳음을 '%'로 나타낸다

만약 자신의 생각이 80% 옳다고 한다면 옳지 않은 나머지 20%는 무엇일까를 생각하며 그 요소를 하나씩 종이에 적어봅니다.

이러한 작업을 반복하다 보면 자연스럽게 지금까지 생각하지 못했던 '새로운 시점'으로 세상만사를 바라볼 수 있게 됩니다. '난 왜 맨날 이러는 걸까'라는 식으로 자책하며 스스로를 돌아보았다면, 위의 세 가지 중 어떤 것이든 한번 시험해보기 바랍니다.

생각을 바꾸는 것만으로
문제가 해결되지 않는다면

요즘 방송이나 인터넷 기사에서 인지행동요법에 관한 내용이 자주 소개됩니다. 상담실을 방문하는 사람 중에도 책이나 인터넷으로 인지행동요법에 대해 공부하고 찾아오는 사람들이 많아 대중 속에 파고든 인지행동요법에 놀라곤 합니다.

이런 사람들 중에는 인지행동요법을 통해 자신의 사고방식을 바꾸길 원하는 사람들이 가끔 있습니다.

그들은 다음과 같이 말합니다.

"무슨 일이든 내가 잘못했다고 스스로를 책망하는 버릇이 있어요. 이 버릇을 없애고 싶어요."
"부정적으로만 생각하는 나를 바꾸고 싶어요."
"부정적인 내가 문제인 것 같아요. 인지행동요법으로 나를 바꾸고 싶어요."

그러나 막상 이야기를 들어보면 그들의 현재 고민은 그런 사고방식이 아니라 다른 뭔가에 크게 영향을 받고 있음을 알 수 있습니다. 그래서 그들이 처음 예상했던 것과는 다른 방향으로 면접이 흘러가는 경우가 종종 있습니다.
즉, 문제의 원인은 부정적인 자신의 사고방식이 아니라 다른 곳에 있다는 사실이 밝혀집니다.

내가 아니라
주변의 영향 때문이 아닌지 살펴본다

직장 내 인간관계로 고민하는 A씨는 '일을 제대로 못 하는 내가 잘못이지. 이렇게 계속 스스로 자책하는 것도 이젠 정말 지겹다'며 상담소를 방문했습니다. 그러나 이야기를 들어보니 일의 능률이 오르지 않았던 것은 상사의 괴롭힘 때문이라는 것을 알았습니다. A씨 자신이 아니라 직장환경에 문제가 있었던 것입니다.

희망하는 일자리를 좀처럼 얻을 수 없었던 B씨는 자신의 장래에 대해 비관하며 상담소를 찾았습니다. 이야기를 들어보니 그에게는 우울증 소견이 있었습니다. 사고방식이나 행동이 아니라 감정에 문제가 있었던 것입니다.

마음 스트레칭, 즉 인지행동요법에서는 마음의 문제는 환경이나 사고방식, 행동, 감정, 몸이 서로 영향을 주고받으며 발생한다고 봅니다. 자신의 부정적인 사고가 원인이라고 생각해서 상담사를 찾아왔지만 실제로는 자신의 몸 상태나 환경 등이 원인으로 밝혀지는 경우가 적지 않습니다.

당신의 문제도 당신이 내린 진단과는 다른 뭔가가 원인일 수도 있습니다. 모든 건 다 내가 못나서 그렇다고 자신만 책망하며 문제를 해결하고자 할 것이 아니라 내 주변에는 문제가 없는지, 자신의 감정을 우울하게 만드는 사건은 없었는지 살펴보면서 전보다 더 넓은 시점에서 원인을 찾아보기 바랍니다. 마음 스트레칭의 첫걸음은 평소와 다른 시점에서 스스로를 돌아보는 것이기 때문입니다.

5장

행동을
바로잡는다

의욕을 높이고 싶다!
새로운 것을 시작하고 싶다!
하지만 첫걸음을 내딛지 못한다.
이럴 때 어떻게 하면 좋을까요?

의욕을 높이고 싶을 때는 제일 먼저 목표(꿈)를 나열해봅니다.
그리고 목표를 달성해낸 자신을 상상하며
이를 위해 무엇을 할 수 있는지 종이에 적어봅니다.
첫걸음을 내딛지 못할 때는 완벽을 추구하는 마음을
내려놓아야 합니다.
쉽게 해낼 수 있는 것부터 시작해서
다음으로 계속 이어나가는 겁니다.
이런 것들이 그동안 치우쳐져 있던 당신의 행동을 바로잡고
당신이 변하는 계기를 만들어줍니다.

'의욕이 없다'는
지적을 받는 사람이라면

직장이나 학교에서 "도대체 할 마음은 있는 거야?"라며 야단맞은 적이 있나요? 의욕적인 사람은 일이든 공부든 성공합니다.

의욕이란 건 어떻게 하면 생기는 걸까요? '의욕이 있기는 하냐'며 야단치는 그 사람도 방법을 알려 주지는 않습니다.

이럴 때 마음 스트레칭의 기본이 되는 인지행동 요법을 응용해서 다음의 10가지를 마음에 새기면 의욕을 높일 수 있습니다.

의욕을 끌어올리는 10가지 방법

1 목표를 명확히 한다.

2 목표를 달성한 나를 상상한다.

3 중간 목표를 설정한다.

4 지금 당장 시작할 수 있는 것이 무엇인지 확인한다.

5 시작을 도와주는 작업을 결정한다.

6 시작할 때의 구호를 정한다.

7 힘 나게 하는 사람을 정한다.

8 좋은 점과 즐거운 점을 확인한다.

9 집중하는 방법과 휴식하는 방법을 정한다.

10 목표를 달성했을 때 나에게 줄 선물을 정한다.

다음 페이지에 나오는 설명을 읽고 책의 뒷부분(p.182 참조)에 있는 의욕 상승 시트를 작성하면서 의욕을 끌어올려 보세요.

감정과 계획을 글로 적어
의욕을 이끌어낸다

의욕 상승 시트 작성 요령

• 빈칸은 신경 쓰지 말고 계속 써 내려간다

일단 쓰기 시작하면 머릿속에 떠오르는 내용을 계속해서 써 내려간다. 쓸 말이 떠오르지 않는 항목은 빈칸으로 남겨둬도 괜찮다. 예를 들어, ① 목표, ② 목표를 달성했을 때의 나, ⑤ 시작을 도와주는 작업, ⑦ 힘 나게 하는 사람, ⑧ 좋은 점과 즐거운 점과 같이 쉽게 떠오르는 것만 우선 적어가면서 자신만의 루틴을 이용한다.

• 구체적으로 적는다

구체적으로 상상해서 자세히 적을수록 확실히 의욕이 높아진다. 예를 들어 '구직활동의 의욕 높이기'를 시트에 적는 방법을 살펴보자.

① 목표 : 이직을 통해 무엇을 달성하고 싶은지 적는다.

→ 목표에는 '구직활동의 달성', 목적에는 '자신이 하고 싶은 일을 하기 위해', 누구를 위해서는 '자신을 위해', '힘든 사람을 돕기 위해' 등을 적는다.

② 목표를 달성한 나 : 목표를 달성했을 때의 나의 모습을 구체적으로 적는다. 내면의 변화에도 주목해본다.

→ 구직활동에는 '외국과 관련 있는 일을 하는 나', '일로써 어려움에 처해 있는 사람들을 돕는 나', '일하는 보람이나 기쁨, 성취감을 느끼는 하루' 등을 적는다.

③ 중간 목표 : 많이 설정할수록 열심히 노력하기가 쉽다. 기간, 횟수, 작업내용 등을 더 구체적으로 적어본다.

→ '경력, 장점을 정리한다(1주일 이내)', '인터넷으로 회사를 검

색한다(2주일 이내)', '지원할 회사를 5군데로 줄인다(한 달 이내)', '이력서를 보낸다(2주일 이내)' 등을 적는다.

④ 지금 당장 할 수 있는 것 : ③ 중간 목표의 실마리가 되는 작업을 적고, 실천에 옮긴다.

→ '종이 이력서든 파일 이력서든 자신에게 필요한 이력서를 준비한다(학력까지 적기, 30분 동안은 이력서에 집중하기)' 등 지금 당장 시작할 수 있는 것을 적는다.

⑤ 시작을 도와주는 작업 : ① 시작 전 단계가 될 만한 작업이나 ② 워밍업 동작으로서 집중에 도움이 될 만한 작업을 적는다.

→ ①번이라면 '책상 앞에 앉기', '자료나 이력서 준비하기' 등이 있을 수 있고, ②번이라면 '좋아하는 음악 한 곡만 듣기', '차 마시기', '심호흡하기' 등이 해당될 수 있다.

⑥ 시작할 때의 구호 : 시작할 때의 구호가 습관이 되면 의욕을 유지하기가 쉽다.

→ '시작하자!', '난 할 수 있다!' 등 자신의 의욕을 일으킬 수 있는 구호를 적는다.

⑦ 힘 나게 하는 사람 : 이러한 계획은 주변 사람들을 끌어들일수록 도중에 포기하기 어렵다. 라이벌을 의식하게 되면 계속 노력할 수 있다. 상담을 들어주는 친구에게는 질책과 격려를 기대할 수 있다. 누군가에게 선언하게 되면 포기하고 싶은 자신을 극복하기 쉽다.

→ 라이벌 상대로는 '선배 M', 상담 친구로는 'S와 H', 나의 선언을 들어줄 사람에는 '엄마, 절친인 K' 등을 적는다.

⑧ 좋은 점, 즐거운 점 : 좋은 점, 즐거운 점을 확인하게 되면 의욕을 유지하기가 쉽다.

→ 좋은 점에는 '지금까지의 자신의 노력을 보여주는 것', 즐거운 점에는 '자신의 바뀐 점, 주변의 바뀐 점' 등을 적어넣는다.

⑨ 집중과 휴식의 전환 : 일의 시작과 멈춤에 해당하는 전환 규칙을 정한다.

→ 집중에는 '책상 위를 정리한다', '조용한 환경에서 한다' 등을, 휴식에는 '1시간에 한 번, 스트레칭을 10분 동안 한다' 등을 적어넣는다.

⑩ 선물 : 중간 목표와 최종 목표를 달성했을 때 자신에게 줄 선물을 정한다.

→ 중간 목표를 달성했다면 '"아주 대단해"라며 자신을 칭찬한다', '미용실에 간다' 등을 적는다. 최종 목표를 달성했다면 '오늘은 일을 반나절 쉬고 영화를 보러 간다' 등을 적어넣는다.

자, 이제 의욕이 생겼나요?

직접 적어보면 알 수 있겠지만 이렇게 적는 것 자체가 의욕을 불러일으키는 발판이 됩니다. 과정을 즐기면서 천천히 차분하게 하나씩 적어보세요.

그런데 만약 이렇게 적는 것조차 할 수 없거나, 일단 적기는 했지만 행동으로 옮길 마음은 들지 않을 수도 있습니다.

이런 사람은 어떻게 하면 좋을까요?

그런 사람이라면 억지로 하지 말고 먼저 몸과 마음의 휴식을 취하기 바랍니다. 그런 당신에게 지금 당장 필요한 것은 의욕이 아니라 휴식이니까요.

[구직활동]

의 의욕 높이기

① 목표

목표 : **구직활동의 달성**
목적 : 자신이 하고 싶은 일을 하기 위해
누구를 위해 : 자신을 위해, 힘든 사람을 돕기 위해

② 목표를 달성한 나

외국과 관련 있는 일을 하는 나
일로써 어려움에 처해 있는 사람들을 돕는 나
일하는 보람이나 기쁨, 성취감을 느끼는 하루

③ 중간 목표

자신의 경력, 장점을 정리한다(1주일 이내)
인터넷으로 회사를 검색한다(2주일 이내)
지원할 회사를 5군데로 줄인다(한 달 이내)
이력서를 보낸다(2주일 이내)

④ 지금 당장 할 수 있는 것

종이 이력서든, 파일 이력서든
자신에게 필요한 이력서를 준비한다
(학력까지 적기, 30분 동안은 이력서에 집중하기)

⑤ 시작을 도와주는 작업

책상 앞에 앉는다, 자료나 이력서를 준비한다
(좋아하는 음악을 한 곡만 듣기, 차 마시기, 심호흡하기)

메모

⑥
시작할 때의 구호

시작하자!
난 할 수 있다!

⑦
힘 나게 하는 사람

라이벌 : 선배 M
상담 친구 : S와 H
나의 선언을 들어줄 사람 : 엄마, 절친 K

⑧
좋은 점, 즐거운 점

좋은 점 : 지금까지의 자신의 노력을 보여주는 것
즐거운 점 : 자신의 바뀐 점, 주변의 바뀐 점

⑨
집중과 휴식의 전환

집중 : 책상 위를 정리한다, 조용한 환경에서 한다
휴식 : 1시간에 한 번, 스트레칭을 10분 동안 한다

⑩
선물

중간 목표 : "아주 대단해!"라며 자신을 칭찬한다,
　　　　　미용실에 간다
최종 목표 : 오늘은 일을 반나절 쉬고 영화를 보러 간다

눈에 보이는 성과가 없어서
금방 포기해버린다면

취미생활이나 운동, 봉사활동 등 꾸준히 하고 있는 것이 있나요?

어떤 일이든 계속하기는 쉽지 않습니다. 아무리 '하면 된다'고 스스로를 응원하며 시작해도 결국에는 끝까지 가지 못할 때가 종종 있습니다. 이렇게 도중에 포기하는 이유로 '눈에 보이는 성과가 없어서'라는 말을 자주 하곤 합니다.

그중 하나가 영어 회화입니다. 바쁜 와중에 나름대로 짬을 내서 학원에 가기도 하고 인터넷으로

강의를 들어도 숙달했다는 느낌은 잘 들지 않습니다.

이런 경우라면 정기적으로 시험을 치르는 것도 하나의 방법입니다. 지난번보다 점수가 올랐다면 그동안 노력의 결실을 실감할수 있기 때문에 동기부여로 이어져 공부의 끈을 놓지 않게 될 것입니다.

성공을 통해 실현하고 싶은 이미지를 구체적으로 그려보는 것, 다시 말해 꿈을 갖는 것이 성공을 이루는 원동력이 됩니다. 영어를 잘하고 싶다면 '회의 때 영어로 프리젠테이션하고 싶다', '해외여행 다니면서 외국 친구들을 많이 사귀고 싶다', '외국 드라마를 자막 없이 보고 싶다'는 식으로 앞으로의 비전을 그려보는것도 동기부여가 됩니다.

꿈을 향해 조금씩
나아가기가 중요하다

꿈을 향해 계속해서 나아가다 보면 마음의 건강을 되찾을 수도 있습니다. 예를 들어 다음과 같은 경우입니다.

'우울증 때문에 휴직했는데 곧 직장에 복귀해야 돼요. 계속 치료받으면서 어떻게 일을 할 수 있을지 불안해요.'

'몸은 피곤한데도 집에 오면 머릿속에서 회사 일이 떠나질 않아요. 그래서 매일 밤 잠을 푹 잘 수가 없어요.'

'회사에서 처음으로 여자 팀장이 되었어요. 하지만 부담감 때문에 늘 마음이 불안해요.'

이러한 걱정거리로 불안감을 호소하는 사람이 있습니다. 이런 사람은 꿈을 갖는 것, 즉 도달해야 할 목표를 설정하는 것이 곧 마음의 건강을 되찾는 지름길입니다. 구체적으로 다음과 같은 목표를 설정해보세요.

- 치료를 받으면서 일하는 나
- 회사 일은 잊어버리고 푹 잠든 나
- 부담감과 싸우지 않는 나

목표를 설정하고 나면 그 목표를 이루기까지의 여정을 몇 단계로 나누어 당장 실천할 수 있는 것부터 하나씩 이루어갑니다. 이러한 과정을 통해 마음의 건강을 회복할 수 있습니다.

마음의 건강을 되찾고 싶을 때는 도달해야 할 목표(꿈)를 설정해보고, 그 목표를 향해 한 걸음씩 나아가야 한다는 걸 기억하세요. 꿈은 당신의 몸과 마음을 건강하게 만드는 에너지입니다.

완벽함을 추구하려다
일을 뒤로 미루고 있다면

해야 하는 일을 자꾸 뒤로 미루다 후회한 적이 있나요?

나도 그런 경험이 있습니다. 지난봄에 한 출판사로부터 '우리 시대의 인지행동요법'이라는 주제로 원고 의뢰를 받았습니다. 7월 초에 발행 예정인 인쇄물이었습니다.

그래서 나는 계절에 맞게 '여름의 들꽃처럼 드러내지 않고 주변과 조화를 이루면서 '나'를 찾도록 돕는 것이 우리 시대에 요구되는 인지행동요법이다'라는 취지의 수준 높은 글을 쓰겠다고 결

심했습니다.

하지만 막상 컴퓨터 앞에 앉으면 문장이 떠오르지 않았습니다. '마감일까지 아직 많이 남았으니까'라는 생각에 유튜브를 보며 한가로운 한때를 보냈습니다.

마감은 점점 다가왔고 다시 한번 '최고의 글을 쓰겠다'고 기세 좋게 컴퓨터 앞에 앉았습니다. 그러나 역시 쓸 수 없었습니다. 그리고 다시 유튜브를 보고 말았습니다.

그러던 어느 날의 일입니다. 정신을 차리고 보니 여름 들꽃은 이미 시들기 시작했습니다.

결국 마감일이 지나도록 원고를 쓸 수 없었습니다. 이후 그 출판사로부터 원고 의뢰는 오지 않았습니다.

마음
스트레칭

완벽주의와 고정관념을 버리고
지금 할 수 있는 것부터 시작한다

미루기는 마치 마약과 같습니다. 일시적으로는 현실에서 도피할 수 있기 때문에 안심이라는 쾌락을 얻습니다. 하지만 결국에는 문제를 일으켜 그 사람의 평가를 깎아 먹습니다. 무엇보다 스스로 '나는 왜 이렇게 어리석을까?'라며 자책하고 후회하게 만듭니다.

나는 오랜만에 들어온 원고 의뢰에 의욕이 넘쳐서 실력 이상의 목표를 세웠습니다. '수준 높은 글을 쓰는 나'를 상상하는 것은 즐겁기만 합니다. 하지만 결국 수준 높은 글을 쓸 수 없었습니다. 이때 '수준 높은 글을 쓰지 못하는 나'를 인정하고 목표를 낮추어 시작했다면 좋았을 것입니다.

그러나 유감스럽게도 그렇게 하지 못했습니다. 그

이유는 내 마음속에 '최고의 글'이라는 완벽주의와 '이러해야만 한다'는 고정관념이 있었기 때문입니다.

완벽주의와 고정관념은 현실을 있는 그대로 인정하지도, 유연하게 대응하지도 못하게 만듭니다. 그렇기 때문에 당신 안에서 '뒤로 미루고 마는 나'를 발견했다면 그런 당신에게 이렇게 말하고 싶습니다.

"먼저 자기 마음속에 있는 완벽주의와 고정관념을 찾아 그것을 조금씩 바꾸어나갑시다. 목표를 낮추어 할 수 있는 것부터 시작해보세요. 간단한 것이라도 괜찮습니다. 이번에 한 가지를 해냈다면 그다음에 할 수 있는 것이 또 보일 겁니다. '천릿길도 한 걸음부터'라는 속담처럼 말이죠".

예기치 않은 우연한 사건이 커리어 상승의 기회가 된다면

당신은 자신의 커리어를 높이기 위해 도전하고 있는 게 있나요? 자격증 따기, 영어 회화, 타 직종과의 교류 등 커리어를 높이는 방법은 다양합니다. 커리어 상승을 돕는 심리학 이론도 있습니다. 그중에서 미국의 크럼볼츠(John D. Krumboltz) 박사가 제창한 '계획된 우연성 이론(planned happenstance)'이 잘 알려져 있습니다. 간단히 말하면 수동적으로 기다리는 것이 아니라 우발이나 우연을 계획하는 것이 중요하다는 이론입니다.

크럼볼츠 박사는 계획된 우연성 이론을 다음처럼 설명합니다.

'우연성은 본래 계획할 수 없다. 그러나 커리어 형성에서 중요한 것은 그와 같은 우연성을 가능한 한 많이 만날 수 있도록 평소 마음에 새겨두는 것이다.'

크럼볼츠 박사는 왜 이와 같은 이론을 제창한 것일까요?

그는 어떤 연구를 통해 직업인의 커리어 중 80%는 예기치 않은 우연한 사건으로 형성된다는 사실을 알아냈습니다.

그리고 '앞으로 무슨 일이 생길지 등 누구도 예측할 수 없는 오늘날과 같은 현대사회에서는 예상치 못한 사건에 의해 커리어가 결정된다. 그러므로 예기치 못한 사건 = 기회를 만날 수 있는 삶을 사는 것이 보다 좋은 커리어 형성으로 이어진다'라고 생각했던 것입니다.

과연 그런 일이 가능할까요?

마음
스트레칭

'해냈다'는 성공체험이
커리어 상승으로 이어진다

어떻게 하면 예상치 못한 기회를 만날 수 있을까요?
크럼볼츠 박사의 이론에 따르면 커리어 상승은 '행동
하기'와 '여러 활동을 시험 삼아 도전해보기'를 통해
시작됩니다. 처음부터 대단한 걸 할 필요는 없습니다.
먼저, 예를 들어볼까요?

• 새로운 걸 배우기 시작한다.
• 사내 행사에서 모르는 사람에게 말을 걸어본다.
• 평소와 다른 길로 집에 간다.

이런 작은 행동(도전)을 시도해봅시다(이것은 2장에
서 예로 들었던, 내가 싫어하는 쥐를 극복한 방법과

비슷합니다. 그것은 기회와 만나는 것이 목적은 아니었지만 '새로운 행동으로 새로운 것을 획득한다'는 점에서는 같습니다).
이와 같은 도전을 거듭해가다 보면 실패로부터 배우기도 하고 실패가 기회로 이어지기도 합니다.

새로운 행동을 하게 되었다면, 잘못했던 것보다 해낸 것에 주목합니다. '해냈다'는 성공체험은 참으로 신선합니다. 그 경험은 당신의 커리어 상승으로 바로 이어지기 때문입니다.

6장

환경의 변화에
대응한다

직장이나 학교가 바뀌거나
취직이나 결혼 등으로 생활 패턴이 달라지면
우리는 이전과 다른 스트레스를 받으며
이를 주체하지 못해 때로는 우울해지기도 합니다.

이때는 그러한 스트레스를 해소하지 못한
자신의 기분이나 행동이나 몸
각각의 변화에 주목해보세요.

환경의 변화에 대응하기 위해
변화를 희망하는 이유와 불안,
변화로 인한 장점을 적어보는 것도 좋습니다.

환경 변화로 이전과 다른
스트레스를 느낀다면

코로나 19 감염증의 확산으로 우리의 생활은 크게 바뀌었습니다. 이처럼 환경이 바뀌게 되면 '마음이나 몸이 평소와 다르다'고 느끼는 사람들이 늘어납니다. 사회적 거리 두기로 지금까지와는 다른 스트레스를 강하게 받기 때문입니다.

예를 들어, 남편과 초등학생 자녀와 함께 사는 A씨(39세, 여성)는 코로나 19의 확산과 남편의 재택근무로 삶이 다음과 같이 바뀌었습니다.

남편이 재택근무를 하게 되면서 집이 갑갑하게 느

껴진다. 식품을 사러 나갈 때만 외출을 하지만 매일 세 번씩 차려야 하는 식사 준비가 귀찮다. 회사 일을 하면서도 텔레비전은 계속 틀어둔다. 코로나 19 관련 뉴스가 신경 쓰이기 때문이다. 밤에는 쉽게 잠들지 못하고 잠들어도 깊이 자지 못한다. 아침에는 우울한 마음으로 눈을 뜬다.

남 일 같지 않다고 느껴질 겁니다. 그러나 차분히 생각해보면 이런 생활의 변화나 그로 인한 정신적인 피곤함은 취직이나 진학, 전근, 결혼, 출산 등 인생의 다양한 국면에서 발생합니다.
그래서 이번 장에서는 생활환경이 바뀌더라도 마음은 병들지 않고 건강하게 지낼 수 있는 마음 스트레칭 기술을 소개하고자 합니다.
다음의 네 가지를 순서대로 실천해보세요.

마음
스트레칭

1
이전과 다른 기분과 행동,
몸의 상태를 글로 적는다

먼저 '이전과 다른 점'을 기분·행동·몸의 변화로 나누어 돌아봅니다. A씨의 경우라면 이런 식입니다.

기분의 변화

• 짜증이 난다.

• 침울해진다.

• 아침부터 우울하다.

행동의 변화

• 외출하지 못한다.

• 장시간 텔레비전이나 핸드폰을 들여다본다.

몸의 변화

• 좀처럼 잠들지 못한다.

• 잠을 깊이 못 잔다.

이런 식으로 당신의 '이전과 다른 점'을 적어보세요. 가능한 한 솔직하게 적는 것이 중요합니다.

당신의 경우 이전과 다른 점

기분의 변화

•

•

행동의 변화

•

•

몸의 변화

•

•

2
기분, 행동, 몸의 변화에 대한
원인과 결과에 주목한다

A씨의 경우에는 행동이나 기분의 변화가 몸의 변화를 일으켰습니다.

행동의 변화

코로나19 관련 뉴스를 계속 본다.

→ 기분의 변화
- 짜증이 난다.
- 침울해진다.
- 아침부터 우울하다.

행동의 변화

밤에도 핸드폰으로 코로나 관련 정보를 듣는다.

→ 몸의 변화

- 잠들지 못한다.
- 잠을 깊이 못 잔다.

당신의 경우

행동의 변화

-
-

→ 기분의 변화

-
-

행동의 변화

-
-

→ 몸의 변화

-
-

3
부정적인 행동을 줄이거나
다른 행동으로 바꾼다

A씨는 TV 시청과 잠들기 전 핸드폰을 보는 습관이 기분이나 몸의 변화를 초래하는 듯합니다. 자신에게 부정적으로 작용하는 이와 같은 행동을 줄이고, 다른 행동으로 바꾸는 계획을 세워보세요. A씨는 이런 계획을 세웠습니다.

부정적인 행동을 줄인다

• TV 뉴스 보는 시간을 줄인다.
• 핸드폰 체크는 하루에 세 번으로 횟수를 정한다.

다른 행동으로 바꾼다

• 아침에는 작년에 재배하다 실패한 식물을 돌본다.

• 자기 전에는 어릴 때 좋아했던 동화책을 읽는다.

당신은 어떤가요? 다음 빈칸에 적어볼까요?

당신의 경우

부정적인 행동을 줄인다

•

•

•

다른 행동으로 바꾼다

•

•

•

4
플러스 행동을 늘리고
플러스가 될 만한 행동을 생각해본다

마지막으로 자신이나 주변에 긍정적인 영향을 끼칠 수 있는 행동을 찾아보세요. 예를 들어 맞벌이를 하기 때문에 온 가족이 모여서 식사할 시간이 없었던 A씨는 다음과 같이 적었습니다.

플러스 행동

• 가족과의 식사 시간을 알차게 보낸다.

당신의 경우

•

•

떠오르지 않는다면 '평소 하지는 못했지만 플러스가 될 만한 행동'을 시도해보세요. A씨는 이렇게 적었습니다.

평소 하지는 못했지만 플러스가 될 만한 행동

• 필요 없는 물건들을 정리한다.

• 홈트레이닝을 시작한다.

중요한 것은 쉽게 시작할 수 있는 행동을 고르는 것입니다. 계속 지키기 힘들 것 같다면 무리하지 않아도 할 수 있을 다른 행동을 생각해보고 재도전하는 것이 좋습니다.

당신의 경우

•

•

플러스 행동과 플러스가 될 만한 행동의 시작과 실천은 심신을 체크하고 새로운 행동에 대한 의욕이 있을 때 시험해보세요.

책에 있는 행동을
실천할 수 없다면

'3일 만에 부자 되는 책'이라든가 '일주일 만에 성공하는 다이어트'처럼 불가능해 보이는 제목이 눈길을 끄는 책들이 있습니다. 이런 책을 보면서 '그게 안 되니까 힘들지'라고 혼잣말을 하기도 합니다.

책을 읽는다 → 새로운 지식과 지혜를 얻게 된다 → 납득한다 → 자신도 할 수 있다고 생각한다 → 하지만 실행에 옮기지 못한다.

왜 이렇게 되는 걸까요?

우리는 해본 적이 없거나 잘될 거라고 확신이 들지 않는 것에 불안을 느끼는 버릇이 있습니다. 지금까지의 방법이나 지금까지의 자신을 가능한 한 바꾸지 않고 결과나 상대방이 바뀌는 것을 기대하기 때문입니다(현상 유지 편향, status quo bias).

우리의 의식과 행동에는 자신이 깨닫지 못하는 부분에서 자신을 항상 일정하게 유지하려고 하는 힘이 작용하고 있습니다. 일정하게 유지하고자 하는 힘이란 변화하지 않도록 하는 힘입니다. 우리는 지금까지 해온 방법이나 행동을 재검토할 때 변화하지 않도록 하는 힘과 무의식적으로 싸우고 있기 때문에 '바뀌고 싶지만 불안하다'는 마음이 듭니다.

하지만 걱정하지 마세요. '바뀌고 싶지만 불안하다'는 마음은 '성장하고 싶다', '나아가고 싶다'는 마음과 서로 밀접하게 관련되어 있습니다. 이것은 새로운 변화를 일으키는 준비단계의 심리라는 것이 심리학 연구를 통해 밝혀졌습니다. 그러니 바뀌고 싶지만 불안하다는 마음을 멀리할 필요는 없습니다.

마음
스트레칭

이유, 장점, 불안을 글로 적을 때
새로운 변화가 시작된다

바뀌고 싶지만 불안하다는 마음을 새로운 변화로 연결하기 위해서는 어떻게 하면 좋을까요?
이 경우 다음 방법을 추천합니다. 우선 종이에 다음 질문에 대한 당신의 대답을 적어보세요.

• 나는 왜 변화를 원하는가.
• 나는 변화를 통해 어떤 장점을 얻고 싶은가.
• 나는 변화에서 어떤 불안을 느끼는가.

당신이 적은 대답은 앞으로 시작될지도 모르는 변화에 대한 당신의 마음이나 생각입니다.
당신은 '바뀌고 싶지만 좀 불안해서…'라고 말하지만,

위의 대답을 적은 시점에서 당신은 이미 새로운 변화의 시작 지점에 서 있다고 볼 수 있습니다.

그것은 다음과 같습니다.

바뀌고 싶지만 불안하다 → 불안하다. 하지만 작은 것이라면 시작해봐도 괜찮을 것 같다 → 불안하다. 하지만 도전해볼까?

바뀌고 싶지만 불안하다면, 위의 질문에 대한 대답을 적어보세요. 새로운 변화는 그곳에서부터 시작됩니다.

상대방에게 애정을
전하고 싶다면

당신은 어떤 때 상대방에게 애정을 느끼나요?

갑자기 심장이 두근거렸나요?

인간은 자기가 좋아하는 말과 행동을 자신에게 보여준 상대에게 애정을 느낀다는 사실이 심리학 연구 결과 밝혀졌습니다. 다정한 말이나 손잡는 것으로 자신의 애정을 전달하고 싶다는 생각을 하는 사람은 자신에게 그러한 행동을 하는 상대방에게 애정을 느낄 수 있다는 것입니다.

하지만 슬프게도 자기가 좋아하는 말과 행동을 상대방이 보여주었다고 해서 반드시 그 사람이 나에

게 애정을 품고 있다고는 할 수 없습니다. 자신이 상대방에게 원하는 것과 상대방이 나에게 원하는 것이 항상 같지는 않기 때문입니다.

예를 들어, 당신이 손을 잡으면 상대가 기뻐할 것이라고 생각해서 손을 잡았다고 합시다. 하지만 상대는 그런 행동으로는 애정을 느끼지 못할지도 모릅니다.

왜냐하면 상대는 손을 잡는 것보다 자신을 챙겨주는 사람에게 애정을 느끼는 타입일지도 모르기 때문입니다. 또는 손을 잡는 것보다 마음이 담긴 선물을 주는 사람에게 애정을 느끼는 타입일지도 모릅니다.

상대방에게 애정을 전하고 싶다면 상대가 좋아하는 말과 행동을 하는 것이 최고입니다. 당신이 소중히 여기는 그 사람은 어떤 말과 행동을 원하는 타입인가요?

마음
스트레칭

서로가 좋아하는 행동에 대해 알면
관계가 발전된다

상대와 좋은 관계를 쌓고 발전시키기 위해서 가장 먼저 해야 할 것은 자신과 상대방이 좋아하는 말과 행동이 무엇인지 아는 것입니다.

사람들이 애정을 느끼는 의사소통의 유형은 대략 다음의 다섯 가지로 나뉩니다.

① 긍정적인 말을 좋아하는 유형

"너무 좋아", "늘 고마워" 등의 긍정적인 말을 해주는 상대에게 애정을 느끼는 유형으로, 칭찬을 아주 좋아합니다.

한편 감정이 담긴 분노의 말이나 농담으로 던진 자신을 모욕하는 말에는 남들보다 훨씬 더 상처를 받고 평생 잊지 못합니다.

② 스킨십을 중요하게 생각하는 유형

두근거림, 불안, 애정, 걱정 등을 표현하기 위해서 말이 아니라, 끌어안거나 등을 가볍게 토닥거리거나 손을 잡거나 하는 신체 접촉을 좋아합니다.

물리적 거리가 가까운 것을 중요시하기 때문에 원거리 연애나 SNS를 통한 교제에는 만족하지 못합니다.

③ 자신을 주목해주기 바라는 유형

말이나 신체적인 접촉보다는 상대에게 충분한 관심을 기울이고 온전한 시간을 공유하는 것을 중요시하는 유형입니다.

함께 있을 때나 전화로 이야기할 때는 TV나 다른 것에 정신을 쏟지 않고 이야기를 진지하게 들어주며, 건성으로 대답하지 않는 행동에서 애정을 느낍니다.

④ 서비스를 중요하게 여기는 유형

요리나 청소 등의 집안일이나 자기 할 일을 잘 도와주는 상대에게 애정을 느낍니다. 행동력 있는 사람, 남을 잘 챙겨주는 사람, 남 돌봐주는 걸 좋아하는 사람과 잘 맞습니다. 이런 유형의 여성은 집안일이나 육아에 적극적으로 참여하는 남성을 좋아합니다.

⑤ 마음이 담긴 선물을 좋아하는 유형

선물을 애정의 상징이라고 여깁니다. 다만 가격은 상관없습니다. 이러한 유형의 파트너일 경우 기념일 또는 생일을 잊어버린다거나, 가격이 비싸도 마음이 담겨 있지 않은 선물을 주는 건 위험합니다. 하지만 깜짝파티라면 저렴한 선물이라도 기뻐합니다.

당신, 그리고 당신이 소중히 여기는 그 사람은 어떤 의사소통 방법을 좋아하나요?
먼저 자신을 돌아보며 상대방이 나에게 어떻게 해주었을 때 애정을 느끼는지 생각해보세요.

그다음에는 상대에게 넌지시 알려주세요.

지금까지 말하지 않아도 상대방이 알아주길 바라며 기다리다가 대화의 기회를 놓친 적이 있다면 당신의 생각을 상대방에게 전해주세요. 이것은 굉장히 중요한 일입니다.

마지막으로 상대방은 어떤 말과 행동을 좋아하는지 물어보세요.

자신의 가치관과 자신이 상대에게 원하는 것, 그리고 상대의 가치관과 상대가 자신에게 원하는 것을 서로 이해하며 살아갈 수 있다면 그것은 두 사람에게 있어 행복한 일입니다.

마음 스트레칭으로
자신의 편견을 깨닫는다

우울증과 불안장애 치료의 첫 번째 선택지

이 책이 당신 내면의 불안이나 마음의 응어리를 푸는 데 도움이 되었나요?

이 책에서 소개한 마음 스트레칭은 도쿄인지행동요법 센터에서 사용하는 인지행동요법을 바탕으로 하고 있습니다. 독자의 이해를 돕기 위해 인지행동요법이 무엇인지에 대해 간단히 소개하겠습니다.

인지행동요법이란 불안이나 우울 등 마음의 문제를 해결하기 위해 심리상담사가 상담자와 면담을 거듭하며 진행하는 치료법입니다.

특히 이 요법이 우울증 예방과 회복에 도움이 된다는 사실은 많은 연구를 통해 증명되었습니다. 영국이나 미국에서는 우울증과 불안장애 치료 가이드라인에서 첫 번째 선택지로 꼽힙니다.

인지·정동·생리·행동에 주목함으로써 불안 해소

인지행동요법은 우리의 인지·정동·생리·행동의 네 가지에 주목하며 불안이나 우울감을 해결합니다. 인지란 생각, 정동이란 마음, 생리란 몸의 상태, 행동이란 태도를 말합니다.

구체적으로 설명하자면, 인지행동요법에서는 생각에 잠기거나, 마음이 혼란스럽거나 몸 상태가 안 좋아지거나, 이상한 행동을 하거나 하는 것은 직장이나 학교, 지역사회 등의 환경에서 받는 자극, 즉 스트레스가 그 원인이라고 생각합니다. 따라서, 인지행동요법은 이 스트레스로 인해 균형이 깨져버린 자신의 인지나

정동, 생리, 행동을 조금씩 개선해 지금까지 반복된 악순환을 멈추게 함으로써 문제를 해결합니다.

* 정동(情動) : 희로애락과 같이 일시적으로 급격히 일어나는 감정. 진행 중인 사고 과정이 멎게 되거나 신체 변화가 뒤따르는 강렬한 감정 상태를 말한다.

생각하는 방식이나 느끼는 방식의 버릇을 재검토하기 위해서는

앞에서 언급했던 읽씹(p.112 참조)을 예로 들어 설명해볼까요? SNS가 생활화되어 있는 사람들에게 읽씹은 때로는 큰 불안감을 안겨줍니다. 읽씹을 당하게 되면 '나를 싫어한다'고 생각해서(인지), 마음이 우울해지고(정동), 잠들지 못하게 되거나(생리), 다른 사람에게 화를 내거나(행동) 하며 스트레스를 느끼고 불안감마저 듭니다.

그 같은 불안감을 느끼는 상담자에게 심리상담사는 우선 본인이

'읽씹'을 어떻게 생각하고 느끼는지, 그때 몸은 어떻게 변화했는지, 그리고 자신은 어떻게 행동했는지를 떠올리게 하고, 정리해보도록 권합니다.

다음으로 상담자에게 그것들(인지·정동·생리·행동)에 대한 자신의 반응을 가만히 들여다보며, 자신의 불안이 어떻게 구성되어 있는지를 냉정하게 들여다보게 합니다.

그 후 심리상담사는 상담자에게 지금까지의 자신의 생각하는 방식이나 느끼는 방식, 행동 패턴을 바꿀 수 있는지를 제안합니다. 지금까지의 자신의 생각하는 방식이나 느끼는 방식의 버릇을 재검토할 수 없는지, 작은 것부터 바꿀 수 없는지를 생각하게 합니다.

예를 들어 기분전환을 위해 몸을 움직인다거나(p.88), 지금까지 굳게 믿고 있었던 생각을 의심하는 증거를 나열(p.113)할 수 있

다면 생각하는 방식이나 느끼는 방식의 불균형이 수정되어 기분
이 좋아지고 몸의 상태도 좋아집니다. 인지행동요법은 이와 같
은 과정으로 불안이나 우울증 등의 마음의 문제를 해결합니다.
이 책에서 소개한 마음 스트레칭은 이 같은 인지행동요법에 근
거하고 있습니다.

큰 저항을 느끼는 이유

노골적으로 말하자면, 인지행동요법은 "자신은 쓸모없는 인간
이다'라고 생각하는 사람은 생각 그대로 쓸모없는 사람으로 행
동하게 된다. 그러므로 사고방식을 바꾸면 보다 알찬 일상을 보
낼 수 있을 것이다'라는 관점의 치료법입니다.
그러나 '사고방식의 불균형을 바꾼다'는 것이 말처럼 쉽지는 않
습니다. 우리 어른들의 사고방식이나 판단은 이미 '이건 그런

것', '그건 당연하지'라고 굳게 습관화되어 있고 패턴화되어 있어서 그 불균형을 깨닫는 것 자체가 상당히 어렵기 때문입니다. 게다가 가령, 생각이 한쪽으로 치우쳤다는 사실을 깨달았을지라도 우리는 그 불균형을 바꾸는 것에 크게 저항감을 느낍니다. 왜냐하면, 사람들 대부분은 '문제의 원인은 내가 아닌 다른 곳에 있다'고 단정 짓고, 자신의 사고방식이 잘못된 것이 문제의 원인이라는 사실을 눈치채지 못하기 때문입니다. 그리고 주위 사람들이 그 사실을 아무리 지적해도 '그런 건 생각하고 싶지도 않아'라고 대응하기 때문입니다.

심리상담사와 2인 3각 달리기로 산꼭대기를 향한다

그럼 어떻게 자신의 사고방식의 불균형을 바로잡을 수 있을까요? 그것은 상담 상대인 심리상담사를 잘 활용하는 것, 상담사를 신뢰하고 상담사와 2인 3각 달리기로 조금씩 앞으로 나아가는 것입니다.

인지행동요법은 올라가는 도중에 몇 군데의 장애물이 발견되는 등산과도 같습니다. 혼자만의 힘으로 자신의 결점(사고방식의 불균형)을 발견하고 그것을 수정하기(산꼭대기에 오르기)는 너무 어렵습니다.

하지만 장애물이 어디에 있는지, 그것을 어떻게 극복하면 좋은지를 잘 알고 있는 등산 가이드, 즉 심리상담사와 함께 한 걸음씩 걸어가는 법을 궁리하며 산길을 올라간다면 가장 짧은 시간에 가장 적합한 루트로 산꼭대기에 도달할 수 있고 그 꼭대기에서 새로운 세상을 내려다볼 수 있습니다.

간혹 자신과 성격이 맞지 않는다고 느끼는 상담사가 있을지도 모릅니다. 하지만 그런 경우일수록 오히려 그 상담사와 차분히 이야기를 나누기 바랍니다. 중요한 것은 문제해결이라는 목표를 향해 함께 그 산을 넘어가는 파트너로서 서로 납득할 수 있는 관계를 형성하는 것이기 때문입니다. 심리상담사와 마음이 맞는다고 해서 반드시 정상에 설 수 있다고 장담할 수도 없습니다.

마치는 글

이 책에서 소개한 마음 스트레칭은 지금 이 순간의 행복을 느끼지 못하는 사람이 행복해질 수 있도록 돕는 것을 목적으로 하고 있습니다.

행복의 형태는 사람마다 제각기 다르지만, 심리상담사인 저는 '행복'이라고 하면 공원의 놀이기구를 떠올립니다.

요즘 공원은 놀이기구가 예전보다 엄격하게 관리되고 있습니다. '사랑하기 때문에' 걱정거리가 늘고, '다치게 하지 않도록 하기 위해' 관리가 엄격해지다 보니 갑갑하기까지 합니다. 이것은 어른 사회도 마찬가지입니다.

우리는 현재 그와 같은 걱정이나 배려 속에서 자유롭게 사랑하거나 사랑받는 것이 이전보다 훨씬 더 어려워지고, 누구나가 행복함을 느끼기 어려운 세상에서 살고 있습니다.

'사랑하기 때문에' 행복을 느끼기가 더욱 어렵습니다. 하지만 그 속에서도 우리가 자신이 소중히 여기는 사람과 문제와 일을 바르게 사랑할 수 있게 된다면 지금보다 행복을 느낄 수 있습니다.

불안이나 분노를 느끼거나 그것들을 제대로 조절할 수 없을 때는 이 책을 펼쳐보세요. 이 책이 당신의 행복에 도움이 되기를 진심으로 기원합니다.

시모야마 하루히코

분노 기록장

언제, 무엇을 했을 때 화가 났나?		
화가 난 계기는?		
화났을 때 무슨 생각이 들었나?		
감정과 크기를 숫자로 표현한다면?		
그 후 몸에 변화가 있었나?		
그 후 어떤 행동을 했나?		
그 결과 어떻게 되었나?		

깨달은 점

의욕 상승 시트

[   ] 의 의욕 높이기

①
목표

목표 :
목적 :
누구를 위해 :

②
목표를 달성한 나

③
중간 목표

④
**지금 당장
할 수 있는 것**

⑤
**시작을 도와주는
작업**

메모

⑥
시작할 때의 구호

⑦
힘 나게 하는 사람

라이벌 :
상담 친구 :
나의 선언을 들어줄 사람 :

⑧
좋은 점, 즐거운 점

좋은 점 :

즐거운 점 :

⑨
집중과 휴식의 전환

집중 :

휴식 :

⑩
선물

중간 목표 :

최종 목표 :

마음 스트레칭

지은이 | 시모야마 하루히코
옮긴이 | 손민수

디자인 | 요시무라 토모코
일러스트 | 이토 미키

도움을 준 사람들 | 이시마루 케이이치로, 에노모토 마리코, 쿠사카 카나코, 고보리 아야코,
스가누마 신이치로, 타카야마 유키, 나카노 미나, 마츠마루 미키, 모리타 신이치로

출력·인쇄 | 금강인쇄

펴낸이 | 이진희
펴낸곳 | (주)리스컴
　　　　　www.leescom.com

초판 1쇄 | 2021년 11월 8일
초판 2쇄 | 2022년 1월 10일

주소 | 서울시 강남구 밤고개로 1길 10, 수서현대벤처빌 1427호
전화번호 | 대표번호 02-540-5192
　　　　　　영업부 02-540-5193
　　　　　　편집부 02-544-5922, 5933, 5944
FAX | 02-540-5194
등록번호 | 제2-3348

こころのストレッチ しなやかで折れない自分になる30のヒント
© Haruhiko Shimoyama 2021
Originally published by Shufunotomo Co., Ltd
Translation rights arranged with Shufunotomo Co., Ltd
Through Danny Hong Agency

ISBN 979-11-5616-242-1 13190
책값은 뒤표지에 있습니다.